AF495168

BIBLIOTHEQUE
DE
CAMPAGNE.

Ce Volume contient :

Les Faux-pas, traduits du Breton.

Mémoires de l'Académie des Sciences de Troyes, augmentés de l'Art de battre sa femme.

BIBLIOTHEQUE DE CAMPAGNE,

OU

LES AMUSEMENS DU CŒUR ET DE L'ESPRIT.

TOME XIV.

A AMSTERDAM,

Et se trouve

A PARIS,

Chez la Veuve DUCHESNE, Libraire, rue S. Jacques, au Temple du Goût.

LES FAUX PAS, OU LES MEMOIRES VRAIS, OU VRAI-SEMBLABLES DE LA BARONNE DE ***.

Traduits de l'Original Bas-Breton.

PREMIERE PARTIE.

AUX DEUX-PONTS.

Et se trouvent,

Chez DUCHESNE, rue Saint Jacques, au-dessous de la Fontaine Saint Benoît, au Temple du Goût.

M. DCC. LV.

PREFACE,

AVANT-PROPOS;

DISCOURS PRÉLIMINAIRE,

AVIS DU TRADUCTEUR,

ou de l'Editeur &c. au choix du Public.

VOICI ce qu'on a trouvé à la tête du Manuscrit. *Je me suis amusée en écrivant mes avantures, on y trouvera des faux Pas : le premier est d'en avoir fait des Mémoires. En les lisant on peut bien contribuer à remplir le titre, j'en préviens le Lecteur.*

On les a demandés, j'ai d'abord refusé de les mettre au jour, l'on a insisté; je me suis renduë; c'est une suite de mes foiblesses.

Il n'est pas possible de conclure de là que cet Ouvrage soit une Traduction, mais on l'assure, pour lui donner un air de mode. Il est très-singulier que dans un Siècle où il y a tant d'Originaux du premier ordre, & qui le sont avec tant d'affectation, on ne s'attache qu'à donner des Copies.

LES
FAUX PAS.

PREMIERE PARTIE.

'Indulgence qu'on a pour les folies de notre Séxe, ſert de prétexte à celle que je vais faire en donnant mes Mémoires. Je vais préſenter le tableau de ma naiſſance, de mon éducation, de mes mœurs & de mes égaremens. J'aménerai exactement tous les faits ; peut-être paroîtront-ils encore entiérement découſus, mais on ne ſçauroit

exiger dans cet ouvrage, plus d'ordre qu'il n'y en a eu dans ma conduite.

Il eſt plus aiſé de raiſonner, que d'être raiſonnable ; mes mémoires & mes actions vont prouver l'un & l'autre ; j'entre en matiere.

Une foibleſſe d'un côté, & une perfidie de l'autre, ſont les ſeules circonſtances de ma naiſſance. Point d'équivoque. Ma mere eut la foibleſſe ; c'étoit dans l'ordre de procédés ; elle les connoiſſoit trop pour y manquer à cet égard. Son pere en mourant lui avoit laiſſé de gros biens, & un Tuteur qui n'avoit pas le ſens commun ; voilà l'ordinaire. Il négligeoit les affaires de ſa pupille, & n'avoit pas plus de ſoin des ſiennes ; voilà le merveilleux. Il cherchoit à s'en débaraffer en la mariant ; elle ne demandoit pas mieux ; ainfi ils étoient toujours d'accord.

Un petit Souverain à grandes prétentions, en attendant qu'il pût penfer férieufement à un Mariage, jetta les yeux fur elle. Il étoit jeune, & tout lui étoit indifférent. Quoiqu'il ne voulût que s'amufer en formant cette intrigue, il y donna tous fes foins ; au lieu que ma mere qui prenoit les chofes très-férieufement, n'y prêta aucune attention.

Le Comte de .... livré à lui-même dès fa plus tendre jeuneffe, s'étoit formé une éducation charmante ; il fembloit qu'il eût été infpiré par quelque Génie François, quoiqu'il habitât un petit Canton d'Allemagne. Il avoit un goût décidé pour les

Chevaux, les Chiens, & par conſéquent pour la Chaſſe. Il portoit à *miracle* ſon Loup en bandouliere ; il ſçavoit ſur le bout du doigt toutes les hiſtoires ſcandaleuſes, tous les vaudevilles, & toutes les contredanſes ; il avoit même inventé le Paraſol & le petit Cheval de bois derriere le Cabriolet : en un mot il étoit le plus grand Inutile, & le premier Cocher de l'Univers.

Il ne ſe piquoit point d'avoir l'eſprit fort géométrique ; le moindre calcul le fatiguoit. Il trouvoit qu'une ſotiſe dans toute ſa perfection, lui donnoit beaucoup moins de peine qu'un trait de prudence ; car enfin il faut dans ce dernier cas tourner, retourner ſes idées, les combiner, les rapprocher, voir le bien qui en peut réſulter, le mal que tout cela peut produire ; tout compté il avoit plutôt fait d'être une *Espéce*, & il l'étoit autant par inclination, que par indolence. Raisons de convenance, d'état, d'intérêt, tout étoit subordonné à ses fantaisies, & il en avoit souvent. Opiniâtre dans ses erreurs & dans ses désordres, il étoit aussi emporté au premier moment de ses passions, que si elles étoient parvenuës à ce terme fatal où l'homme ne voit, ne sent, n'agit & ne respire que par elles.

Notre Séxe a une pénétration admirable pour tout ce qui peut intéresser son amour-propre ; mais il arrête ordinairement ses réfléxions sur la surface des objets qui contribuent à son triomphe. Ma mere s'apperçut avec plaisir que le Comte cherchoit à lui faire la cour ; elle n'avoit alors que ſeize ans, & ſon cœur en avoit trente pour le moins ; il alloit plus vîte que le temps.

Un des Vaſſaux du Comte l'engagea à nommer un de ſes enfans, il l'accepta à condition que ce ſeroit avec ma mere. La propoſition étoit trop brillante, pour être refuſée. On différa de quelques jours cette cérémonie, pour lui donner un air de grandeur & de magnificence. Malgré les ſoins infinis, & les mouvemens extraordinaires, le ridicule la rendit complette. Elle fut ſuivie d'un gros ſouper, & d'un bal aſſoupiſſant. On auroit eu de la peine à trouver un aſſemblage plus biſarre ; tout en étoit ſingulier. la dépenſe *mauſſadement* faite, la Compagnie plattement aſſortie, une gayeté de ſang froid, les ornemens de la Salle moins propres à un Bal, qu'à quelque lugubre Cérémonie ; beaucoup de profusion sans aucune variété ; beaucoup d'instrumens sans la moindre harmonie ; peu de monde, & beaucoup de désordre ; beaucoup de frais, & peu de plaisir ; en un mot, on eût crû que c'étoit le Tableau mouvant d'une fête que la Folie donnoit a l'Avarice, & que ces deux Divinités, à l'envi l'une de l'autre, s'en disputoient l'exécution.

Ce fut dans cette même fête que ma mere entendit les premiers soupirs de son amant. Sa déclaration fut d'abord très-énergique, mais elle ne sentoit pas la valeur des termes ; cétoit chez elle un défaut de connoissance, & chez lui un vice d'habitude. La bassesse des personnes sur lesquelles il avoit jusqu'alors promené librement ses desirs, l'avoit toujours dispensé des égards & des bienséances ; & ne lui avoit jamais donné le tems de goûter ce plaisir vif & piquant, qu'on trouve dans la résistance même. La grandeur de l'amant & l'humiliation de l'objet aimé, se rencontroient toujours au même point, comme si elles s'étoient données le mot, pour s'épargner réciproquement les frais du cérémonial, la peine des propositions, & l'embarras d'un traité.

Ma mere sans expérience, ainsi que sans éducation, ne pénétra pas tout de suite les vues du Comte. Eblouie de son rang, flattée de son hommage, sa petite vanité lui tint lieu de penchant & de goût. Le Comte de son côté, pour faire des progrès plus rapides, lui promit de l'époufer, fi elle vouloit le rendre heureux. Cette belle promeffe qui n'avoit pas le fens commun, la détermina par cette même raifon. Elle fe fit un plaifir de croire qu'elle partageroit la grandeur de fon amant, parce qu'elle rempliffoit les conditions du partage. Elle eut trop de bonne foi, & le Comte n'en eut pas affez. La témérité de l'un déconcerta la prudence de l'autre, & malheureufement la facilité du triomphe ne défarma pas le vainqueur.

Le Comte avoit au fervice des Cercles du Bas-Rhin un Régiment qui avoit fait quelques campagnes : il avoit eu le fecret de fe difpenfer de le fuivre, parce qu'il regardoit les Soldats comme très-mauvaife compagnie, & les Ennemis comme des gens qui n'avoient pas le bon ton, qui peut-être lui auroient manqué, & il étoit naturellement haut & fier. Il ne vouloit point ainsi compromettre sa dignité ; aussi s'en rapportoit-il toujours à son Lieutenant-Colonel. Sa confiance dans cet Officier ne diminua que pour faire voir que ma mere avoit eu tort d'en avoir en lui. Il partit pour son Régiment. Il sentoit déja les dégouts d'un amant heureux, il vouloit par son éloignement se mettre à l'abri des reproches qu'on essuye en pareille occasion. Il promit de revenir, pour ainsi dire, sur ses pas. Le fit-il ? est-il d'usage que l'Amour satisfait tienne parole ?

Ma mere passa deux mois entre la crainte & l'espérance. Le troisiéme décida deux choses. L'une le dégout de son amant, & l'autre qu'elle avoit pris trop de goût à le voir. Elle lui écrivoit ſans ceſſe pour lui rappeller le traité & les conditions remplies de ſon côté au-delà de ſes deſirs. Sa ſituation lui donnoit un air d'empreſſement & d'inquiétude qui déplûrent au Comte. Il étoit piqué de ce qu'on le ſoupçonnoit de mauvaiſe foi , tandis qu'il faiſoit ſcrupuleuſement tout ce qu'il falloit pour le paroître. Il s'accoutuma bientôt aux ſoupirs & aux plaintes de ma mere. La paſſion ſatisfaite , l'éloignement, la grandeur même , forment ordinairement un caractère d'inſenſibilité qui conduit à l'ingratitude & à la perſidie. Ma mere auroit peut-être imité ſon inconſtance , ſi elle avoit été la ſeule intéreſſée à reclamer ſa foi ; elle auroit pris ſon parti , comme cela ſe pratique , lorſqu'une indiſcrétion involontaire n'entraîne pas un éclat forcé.

Attachée à la vérité des faits, je ne groſſirai point ces Mémoires d'avantures fabuleuſes que je pourrois aiſément ſuppoſer à ma mere , je ne la ferai point paſſer par ces épreuves & ces combats qui ne ſont autre choſe qu'un eſprit d'arrangement. Eh pourquoi faire deſirer ce qu'on attend ſoi-même avec tant d'impatience? Je demande pardon à mon ſéxe de cette réfléxion ; elle peut lui paroître déplacée , mais non pas ſuſpecte ; je ne me gêne point. J'écris comme j'ai vêcu.

Ma mere ne voulut jamais après ſes couches, partager avec ce perfide l'attention publique , quoique de très-bonnes têtes le lui euſſent conſeillé. Au contraire elle ne négligea rien pour en éviter l'éclat. Elle ſe détermina à garder prudemment pour ſon compte la ſotiſe qu'elle avoit faite. C'eſt tirer un très-bon parti de ſes folies, que d'empêcher les autres d'en rire.

Le Tuteur homme de poids, & qui avoit l'eſprit bienfait, tourna la choſe en plaiſanterie. Il avoit pris les meſures les plus convenables, pour la faire accoucher indécemment dans ſa maiſon. Rien n'étoit plus aiſé ; plus de précaution lui auroit donné trop de peine ; & bon, ou mauvais, il prenoit le chemin le plus court.

Hengleher Officier Hongrois intime ami du Tuteur, & qui lui avoit plû parce qu'il avoit de belles mouſtaches & qu'il ne portoit jamais de manchettes, fut ſenſible à la ſituation de ma mere ; il s'intéreſſa ſi vivement à ſon malheur, qu'il voulut le réparer. Il demanda ſa main ; la choſe parut d'autant plus ſérieuſe, qu'il n'y mit aucune condition dans le goût de celle du Comte ; il vouloit payer pour ſon prédéceſſeur ; le procédé étoit des plus honnêtes & méritoit des égards. Ce qui étoit arrivé à ma mere, la rendoit moins difficile, & un peu plus circonſpecte ; car enfin il n'eſt pas amuſant d'avoir toujours à ſe plaindre des hommes. Hengleher exigea ſeulement qu'on ne le preſsât pas de me reconnoître ; parce qu'il n'y avoit que deux mois qu'il étoit ſorti de ſon pays ; il faut à toute choſe un temps moral. Il voulut au contraire qu'on m'éloignât, en m'aſſurant un ſort proportionné à mon état. Ma mere approuva beaucoup cet excès de délicateſſe ; elle trouva la propoſition aſſez décente, pour en preſſer l'exécution.

Les habitans du Nord ne ſont pas abſolument effarouchés de ces petites niaiſeries, où l'on attache ridiculement l'honneur de notre ſéxe ; ils épouſent certaines perſonnes comme veuves ; en cela ils ſont moins dupes que nous ; c'eſt une eſpéce de bonne-foi qui les ſoulage réciproquement, & qui les diſpenſe d'appeller l'artifice au ſecours du préjugé. Tout eſt biſarrerie. Le vice d'un pays eſt une vertu dans un autre ; un ridicule tranſplanté devient un agrément. Nous ne négligeons rien pour conſerver l'émail & la blancheur des dents ; les Indiens pour leur donner une couleur noire, achetent *l'Areca* au poids de l'or. Que de préjugés! & combien voit-on tous les jours de victimes de l'opinion!

Après le mariage de ma mere, il fut résolu de sacrifier une somme de quatre mille florins pour mon éducation & pour mon établissement. On en chargea une jeune Veuve qui en eut mille pour ses soins. Cet arrangement fait, Hengleher qui avoit des affaires dans la Hongrie, engagea ma mere à l'accompagner dans ce voyage. Elle y consentit d'autant plus volontiers, qu'elle sentoit la nécessité d'être avec lui, quoiqu'il fût son époux.

La jeune Veuve chargée de ma personne, devint tout de suite un parti très-avantageux pour les gens de son état. Nous étions alors en guerre avec la France; & parmi tous les amans qui se présentérent, elle donna la préférence à un Sergent du Régiment de Normandie qui ſe trouvoit employé dans ce pays ſous les ordres du Maréchal de Villars. Elle l'aimoit beaucoup, & Pouſſin (c'étoit le nom de ce Sergent) ſe prit de belle paſſion pour elle. Il y a des coups de ſympathie ſi brillans, qu'on ne ſçauroit s'y refuſer.

La marche de l'Armée qui avoit campé deux mois dans cet endroit, alloit ſéparer ces deux tendres amans, lorſque notre veuve réſolut à quelque prix que ce fût, d'acheter le congé de Pouſſin. La choſe étoit d'autant plus difficile qu'en tems de guerre, on a beſoin d'hommes, & celui-ci étoit un très-bon Sujet; nouvel obſtacle qui redoubloit la tendreſſe de cette femme.

Pouſſin s'adreſſa inutilement à ſon Capitaine; il ne voulut entendre aucune propoſition. Cette nouvelle affligea d'autant plus cette veuve, que la ſéparation étoit fixée au lendemain. Après beaucoup de pleurs & de combats, elle ſe détermina à faire une ſeconde tentative dont elle auroit été diſpenſée, ſi Pouſſin l'avoit chargée de la premiére. Elle alla chez le Capitaine jeune homme plus vicieux que galant; il avoit déja plus d'une fois envié le bonheur de ſon Soldat. Il la reçut avec beaucoup de politeſſe, il louoit le choix de Pouſſin; en effet elle étoit jeune, jolie & bien faite; elle ajoutoit à tous ces agrémens, un air de propreté & de bonne conſtitution qui font ſouvent paſſer la laideur. Il voulut tirer parti de cette viſite. Les Officiers en marche ne placent pas leurs deſirs où ils veulent, mais où ils trouvent. Après beaucoup de difficultés pour la liberté de Pouſſin, il exigea deux cens écus, ou rien, à condition de quelque choſe. Il croyoit qu'une ſomme auſſi forte lui donneroit du goût pour l'alternative; mais tout-à-coup elle ouvrit ſa bourſe, ſe mit en devoir de la compter, & l'Officier de ne vouloit point la recevoir. Après quelques diſcuſſions aſſez vives de part & d'autre, on raiſonna plus tranquillement, ſans jamais perdre de vuë le congé. L'Officier n'oſoit en rien rabattre, dans la crainte d'en être la dupe, s'il rapprochoit le marché. Il renouvella ſes agaceries, qu'elle repouſſoit plus ou moins mollement, ſuivant la circonſtance, elle ne ſe fâchoit jamais que par réfléxion, & dans des inſtans où il paroiſſoit s'éloigner de l'envie de l'offenſer. Nous avons quelquefois de ces momens de bruſquerie, & nous reſſemblons à ces gens qui jettent avec force un balon contre terre, pour lui donner plus de jeu. Elle comptoit ſon argent ; elle ſe trompoit dans le compte, elle en remettoit par diſtraction, ou avec réfléxion, comme on jugera à propos, une partie dans ſa poche, & l'en retiroit auſſitôt. L'Officier de ſon côté ne retiroit rien ; il étoit toujours en avance de ſes deſirs & de quelque petite familiarité. Fatigué de ce petit manége, il mit la cartouche ſur la table à côté de l'argent, & lui dit d'un ton décidé, choiſiſſez ; mais il ne tient qu'à vous d'avoir l'un & l'autre. Je le prends, dit-elle, avec un grand ſoupir ;

ſoupir ; que ne feroit - on pas pour Pouſſin ! vous préſentez les choſes de ſi bonne grace, qu'il ſeroit difficile de ne pas les accepter. Bref, l'eſprit d'œconomie l'emporta, elle alloit entrer en ménage, cette conſidération fixa ſes irréſolutions. Elle ſe regardoit en ce moment comme la bienfaitrice de Pouſſin, & l'on n'a jamais été gêné dans la forme qu'on donne aux bienfaits. Enfin elle eut la liberté de ſon amant. Combien de graces n'obtient-on pas de cette maniere ! & que les arriere-cabinets ont été bien imaginés pour ceux qui n'oſent pas s'expliquer devant tout le monde !

Pouſſin ſans entrer dans le détail du marché, ſe trouva trop heureux d'être libre ; ſon cœur étoit aguerri ; il l'épouſa par amour & par reconnoiſſance. Les parens de cette jeune femme, & les habitans du lieu l'accablérent d'impertinences, pour avoir donné ſa main à un François ; c'étoit un crime au premier chef parmi ces gens-là. Ces deux époux excédés de leurs mauvaiſes façons, ſe déterminérent à paſſer en France. J'avois déja près de deux ans ; j'étois en état de ſupporter la fatigue du voyage ; au ſurplus c'étoit ce qui les embarraſſoit le moins. Le Tuteur avoit ſi bien arrangé cette affaire, que ces gens-là n'étoient tenus à aucune reſtitution, au cas que je vinſſe à mourir.

Ils choiſirent la Ville d'Aix en Provence qui étoit la patrie de Pouſſin ; il y avoit un très-petit bien qu'il ſe propoſoit d'aggrandir, & d'embellir, non ſeulement avec le préſent que ſa femme avoit reçu pour les ſoins qu'elle devoit prendre de moi, mais encore avec une partie de la ſomme qui étoit deſtinée pour mon établiſſement. Pouſſin avoit beaucoup profité des leçons de la guerre, & ſa femme de celles de Capitaine. C'eſt ainſi que les lumiéres ſe communiquent, & que les talens circulent.

Notre arrivée dans cette ville n'eut rien de ſingulier. A l'âge de quatre ans, mes prétendus parens me mirent au Couvent, en recommandant à la Supérieure de m'inſpirer de bonne heure le goût du Cloître. Ils lui firent part de ma naiſſance, mais ils ne déclarérent qu'un tiers de ce qu'ils avoient reçu, encore y en avoit-il aſſez. Ils payoient exactement ma penſion ; mon entretien n'étoit pas des plus brillans ; & comme dans ces lieux on n'obtient de la conſidération, ou l'on n'excite la jalousie qu'à proportion de la figure qu'on y fait, j'étois très-indifférente aux yeux de tout le monde. On me croyoit pieusement la fille de Poussin; & je ne m'en défendois pas.

La Sœur Lacroix Supérieure de cette Communauté, ne perdoit point de vuë son objet qui étoit de m'inspirer le goût du Cloître. Elle s'y prenoit singuliérement, comme on le verra dans la suite. Elle me passoit toutes mes espiégleries, m'accabloit de caresses, & me faisoit souvent coucher avec elle, faveur distinguée, dont elle me recommandoit avec soin le secret. Elle me tenoit encore de petits propos qui m'amusoient de plus en plus, à proportion que j'avançois en âge. C'est ainsi que je passai le tems de mon enfance.

Mes traits se développérent

peu-à-peu ; la Nature ſe fit un plaiſir de détromper tout le monde, car on m'avoit condamnée à une laideur honnête. Elle auroit bien mal répondu aux heureuſes diſpoſitions de mon cœur.

La femme de Pouſſin ne m'aimoit pas beaucoup, & comme je n'étois pas fort empreſſée à lui plaire, ſon indifférence m'allarmoit peu. Elle cherchoit toutes les occaſions de m'humilier ; elle s'y prit un jour aſſez mal ; elle m'aſſura que je n'étois point ſa fille ; & je ne demandois pas mieux. Pour donner plus de poids à cette vérité, elle me raconta l'hiſtoire de ma mere. Une naiſſance auſſi malheureuſe ne m'annonçoit guères de beaux jours; inſtruite de toutes ces circonſtances, je ne négligeai rien pour donner un démenti à l'étoile qui y avoit préſidé & je ne lutai contre le ſort dont elle me menaçoit, qu'avec le ſecours des plaiſirs, & de l'indépendance d'un état qui ne tient à rien, pas même aux préjugés.

A l'âge de quatorze ans je me trouvai extrêmement grande, & très-formée ; alors je me rapellai les petits propos de la Sœur Lacroix ; j'en faiſois aſſez heureuſement l'application ; je connus bientôt l'avantage & le prix de la beauté. C'eſt la premiére connoiſſance que la Nature nous donne, & qui nous coute le moins.

Le Cloître renferme ſouvent des monſtres plus dangereux que ceux qu'on trouve dans le Monde. La ſolitude, le loiſir, le chagrin, tout contribue au dévelopement de ces noirceurs bien conditionnées, & toujours accompagnées de toutes leurs circonstances. Sous le voile d'une fausse dévotion, la Sœur Lacroix en avoit imposé à tous ceux qui la connoissoient. Elle avoit eu l'adresse de se ménager par un dehors d'austérité, la confiance de ses Supérieurs & l'estime du Public. A la vérité elle avoit de très-bonnes qualités. Elle remplissoit ses devoirs domestiques avec une attention scrupuleuse ; elle ne se prévaloit point de l'autorité de sa place pour tourmenter les personnes soumises à sa discipline ; accoutumée de bonne heure à soutenir le rôle fatigant de dévote, elle ne faisoit jamais ressentir le chagrin de la contrainte ; elle ne se livroit sourdement aux mouvemens de son cœur, que pour se délasser par des vices réels, des apparences de la vertu. Un dépit amoureux l'avoit jettée dans le

Cloître , & la vanité l'auroit toujours retenuë dans cet asyle, si les événemens le plus imprévûs ne dérangeoient très-souvent les projets de l'amour-propre.

Les bontés qu'elle avoit euës pour moi dans mon enfance, tournérent au profit de l'amitié, quand je fus capable de me livrer à ce sentiment. Cette Religieuse formoit mon cœur, elle en découvrit le penchant qui se trouva entiérement conforme à ses vuës.

Après avoir éprouvé ma discrétion dans lès petites choses, elle crut pouvoir en hasarder de plus grande conséquence. Mon caractère l'assuroit du succès de ses desseins ; & prévenant le moment où nous devons connoître le plaisir, elle me mit dans le cas d'en goûter la réalité, avant que j'eusse échauffé mon cœur par la douceur des conjectures. Elle trouva le ſecret de m'engager dans un tête-à-tête, d'où mon innocence écartoit le danger ; & dans un âge où le triomphe coutoit ſeulement au vainqueur, quelques efforts que la douleur arrachoit à la Nature.

Mon cœur n'ayant pris aucun intérêt à ce qui venoit de m'arriver, je n'étois pas plus animée qu'auparavant. Une petite boëte à mouche, un ſimple ruban m'auroient fait plus de plaiſir. Après tout c'étoit dequoi l'on s'embaraſſoit le moins, & je fus obligée de prendre le même parti. L'aſyle de la vertu devint pour moi le berceau du vice. L'Autel où je fis à Vénus le premier ſacrifice, étoit placé dans le fond du jardin, lieu impénétrable à toute perſonne inutile à ce myſtére. La Lacroix attendoit que toute la Communauté fût retirée ; elle fermoit la porte du jardin par où nous passions pour nous rendre en ce lieu de délices. Nous marchions sans lumière , & les Sacrificateurs en faisoient autant par une porte qui donnoit dans une ruë presqu'inhabitée.

L'intérêt n'entroit jamais pour rien dans les complaisances ni dans les intrigues de cette femme ; le plaisir en faisoit tous les frais; la façon dont elle le goûtoit doit paroître des plus singulières. Trop vieille pour inspirer des desirs , & pour trouver quelqu'un qui voulût être admis au partage de ceux qu'elle sentoit , elle le bornoit à une attention marquée à la régularité des sacrifices qu'on faisoit à l'amour. Son imagination échauffée embrassoit tous les détails des préparations & des cérémonies; elle préféroit ces petits ſoins à un intérêt plus prochain. Si l'Amour a des caprices étonnans, la Volupté a des biſarreries encore plus inconcevables.

Les plaiſirs qu'on goûte dans la ſolitude, ont, comme ceux qu'on trouve dans le Monde, leurs révolutions plus ou moins grandes. Quelques précautions que la Sœur Lacroix eût priſes pour dérober au Public la connoiſſance de ceux qu'elle partageoit, un événement ſingulier, & même étranger à cet infâme commerce, en dévoila tout le myſtère.

Dureal jeune homme de condition, & d'une des meilleures Maiſons de Provence, étoit amoureux de la fille d'un Commis; il vouloit l'épouſer. Ses parens obtinrent un ordre, &

la firent enfermer. Ce Couvent étoit destiné à ces sortes de persécutions. La tendresse de cet amant irritée par une pareille violence, lui inspire le projet de l'en arracher. Un commerce de lettres très-bien établi entr'eux, leur fournit les moyens de préparer cette évasion. C'étoit précisément au commencement de l'hyver, tems très-commode pour ces sortes d'expéditions. Une Tourrière qui étoit dans la confidence de cet enlévement, devoit en faciliter l'exécution, & se prêter charitablement à cette étourderie. Le moment arrivé, la Tourrière fut tentée d'en faire autant. Le mauvais exemple fortifie souvent l'inclination.

Une chaise de Poste attendoit aux environs du Couvent la Bazin ; (c'étoit le nom de cette nouvelle Hélene.) le Postillon étoit venu en donner avis. La Tourriére qui n'avoit pas prévû la fantaisie de la suivre, l'obligea d'attendre jusqu'à ce qu'elle eût fait son paquet; elle avoit déja quitté sa guimpe, & toutes les deux se mettoient en devoir de partir, lorsque je dérangeai leur projet.

La Supérieure m'avoit donné ce jour-là quelque peu d'argent; je fus tentée d'en employer une partie à quelque *chaterie*; la Tourriére se chargeoit assez volontiers de ces sortes d'emplettes; craignant, comme quelquefois cela m'étoit arrivé, de rencontrer dans sa chambre quelque Religieuse qui auroit pû me reprocher cette petite friandise, je m'avançai doucement; j'écoutai à la porte, & j'entendis ces mots. *Partons, partons, nous risquons beaucoup, si nous différons encore un instant.*

Ayant reconnu la voix de la Bazin, je frappai; au lieu de répondre, on éteignit la lumière. Interdite & naturellement curieuse, je voulus voir quel étoit le but de ce mystère. Je me promenois dans la petite cour d'entrée, où donnoit la chambre de la Tourriére, bien résoluë de sçavoir ce qui se passoit, lorsque j'apperçus la porte du Couvent un peu entr'ouverte; cette singularité redoubla ma curiosité; je me présentai sur la porte, le Postillon qui attendoit depuis longtems avec impatience, me prit & me jetta dans la Chaise, sans me donner le tems de lui faire la moindre question. Je trouvois fort plaisant d'aller en voiture; cela me paroissoit tout-à-fait commode. Je voulus en profiter, & j'y réuſſis. Cet homme qui avoit le mot, & qui croyoit que je l'avois auſſi, me menoit un train de Petit-Maître; mais voyant que cette plaiſanterie commençoit à me jetter un peu loin, je le priai très-poliment de retourner ſur ſes pas. » Vous en ſeriez morbleu bien » fâchée, Mademoiſelle, me » répondit-il, ce n'eſt pas votre » intention, ni la mienne. Laiſ- » ſez-moi faire, nous arriverons » dans peu, & celui qui vous » attend, vous menera plus grand » train; nous ſerons bientôt à la » premiere Poſte, où vous le » trouverez. » Ce diſcours me ſurprit extrêmement : je lui demandai ce que ſignifioit ce propos. » A d'autres, ajouta- » t-il, nous ſçavons comment » cela ſe fait; vous n'y perdrez » point vos pas : vous m'en di-

» rez demain des nouvelles ſi » vous paſſez par ici ; ce que je » ne crois guère, car le vent qui » vous méne, eſt trop bon. »

Cette mauvaiſe plaiſanterie ne m'amuſoit pas, & je pourrois ennuyer moi-même, ſi je la rapportois toute entiére. Il me paſſoit dans la tête mille extravagances qui ſe ſuccédoient rapidement. N'eſt-ce pas un enlévement, diſois-je en moi-même? je me reſſouvins alors qu'un Etranger très-étroitement lié avec la Lacroix, & qui l'avoit été encore plus avec moi, quoiqu'il eût bruſqué la connoiſſance, m'avoit offert des avantages conſidérables, ſi je voulois le ſuivre à Londres. J'avois conſtamment refuſé cette brillante fortune. Il avoit ajouté qu'il lui ſeroit très-aiſé de m'enlever, & que cela m'arriveroit, lorſque j'y penſerois le moins. L'air grave avec lequel il m'annonçoit cette violence, ne m'intimidoit pas davantage ; c'étoit ſon ton ordinaire. Il étoit ſérieux dans ces inſtans même où le plaiſir doit inſpirer la gaîté la plus vive. Je n'ai jamais vû de Mortel plus reſpectable, ni plus reſpectueux dans ces momens où l'on fait tout ce qu'il faut pour n'être ni l'un ni l'autre.

Je combinois ce propos avec mon avanture ; j'y trouvois un grand rapport, & beaucoup de difficultés. Je n'étois pas prévenuë ; le hazard m'avoit conduit ſur la porte ; la même choſe auroit pû arriver à toute autre qu'à moi ; le Poſtillon ne me connoiſſoit pas. Il auroit donc pû ſe tromper : il eût été bien plaiſant que dans l'obſcurité il eût tiré par la jaquette le Pere Bonaventure (Capucin qui desservoit le Couvent) & qu'il l'eût enlevé: oh! pour le coup notre Argonaute auroit eu une belle toison.

Je riois de cette folie, lorsque la Chaise s'arrêta. Mes réfléxions furent interrompuës par un jeune homme qui l'ouvrit brusquement, & s'y jetta comme un furieux. Il s'attacha à mon col, il m'accabla des plus tendres caresses, sans me donner le temps de les repousser, ni de lui faire la moindre question ; il étoit pressé de jouir, & je ne l'étois pas. Le début étoit vif & promettoit une suite brillante. Pendant ce court intervalle, on avoit changé de chevaux ; nous gagnions l'autre poste. Il me serroit les mains avec toute la chaleur de l'amour ; ses soupirs lui coupoient à chaque instant la parole ; il me prodiguoit les noms le plus tendres ; il inondoit mon ſein de ces larmes précieuſes que la vivacité du plaiſir arrache du fond de nos ames. Ses lévres brûlantes m'ôtoient la liberté de le faire ſortir de ſon erreur ; lorſque tout-à-coup revenant à lui-même, il me demanda d'où venoit la froideur avec laquelle je répondois à ſes tranſports. Je ne vous connois point, Monſieur, lui dis-je, en riant, ainſi la raiſon en eſt bien ſimple. Vous ne me connoiſſez pas, reprit-il, avec le dernier étonnement ! Eh quoi ! vous n'êtes donc pas ma chère Bazin ! Non, Monſieur, repliquai-je, mais je la connois beaucoup ; je puis vous en donner des nouvelles ; & s'il ne faut que cela pour vous ſatisfaire, vous aurez tout lieu d'être content. Elle eſt dans le même Couvent d'où l'on vient de m'arracher. Ah ! Mademoiselle, s'écria-t-il avec douleur, je suis perdu ! Qu'a-t-on fait ! Que vais-je devenir ! .... Que deviendrai-je moi-même ! ajoutai-je ; cette avanture n'est pas plus heureuse pour moi, que pour vous ; car enfin c'est, si je ne me trompe, un bon enlévement dans toutes les formes. On ne croira jamais qu'il soit l'effet d'une méprise ; la honte en retombera sur l'un, ou sur l'autre, & vraisemblablement sur tous les deux, car le Public n'est pas chiche de mauvaise opinion. Je ne vois rien qui puisse nous mettre à l'abri des propos & du mépris même, que de n'en être pas les témoins ; c'est la seule façon de tirer parti de cette bévuë. D'ailleurs ne croyez pas en être quitte à si bon marché : de mon côté les frais en ſont faits, il n'eſt pas juſte que j'en ſois la dupe. Vous voulez donc, Mademoiſelle, reprit-il, que je vous aſſocie à mon malheur; je vous eſtime trop pour vous faire partager les ſuites de cette étourderie. Par quelle raiſon, lui dis-je encore, m'eſtimez-vous tant! Votre eſtime marche donc avant la connoiſſance! Si cela eſt, je vous avertis que je n'en ferai aucun cas, vous pouvez vous en épargner la dépenſe. Eſt-il poſſible, ajouta Dureal, que mon état vous intéreſſe aſſez peu, pour vous livrer à cette plaiſanterie! Je ſuis très-perſuadé que votre cœur déſavouëroit ce que vous venez d'avancer. N'en croyez rien, répondis-je, avec un air étourdi, dont je rougis à préſent; arrangez-vous comme il vous plaira, mais ayez pour agréable de vous ſouvenir que je ſuis bien & duëment enlevée, & que je me reconnois pour telle, au cas que votre cœur vous faſſe quelque chicane.

Un propos auſſi indécent déconcerta totalement ſa douleur. Il ne pouvoit revenir de ſon étonnement, ſurtout lorſqu'il apprit mon âge, & que j'avois paſſé toute ma vie au Couvent. Il eſt vrai que je ne m'étois point étenduë ſur certaines particularités qui auroient un peu diminué ſa ſurpriſe. Mon caractére étoit déja très-décidé. Familiariſée avec le vice, avant d'en pouvoir ſentir toutes les horreurs, je regardois comme des gentilleſſes tout ce qui ſembloit en approcher ; & je me perſuadois qu'on devoit me trouver *charmante*, *adorable*, *à ravir*, lorſque j'étois hardie jusqu'à l'indécence même. J'avois été élevée dans cette dépravation, & tout dépend des impressions qu'on reçoit dans l'Enfance. Celles qui flattent notre penchant, sont d'un grand secours pour le vice, & n'ajoutent pas grand'-chose pour le triomphe de la vertu.

On a beau dire que nous naissons vertueux, il faut connoître & rapprocher les objets qui forment le caractére de la vertu, & quand on les connoît, combien trouve-t-on de niaiseries qui en rendent le chemin impraticable! J'ai quelquefois tranché de l'esprit fort, parce que mon tempérament l'étoit encore plus; ou plutôt parce que mon cœur étoit naturellement foible; ce qui rentre un peu dans la premiere raison, sans qu'il y ait d'autre contrariété, que dans les termes.

Les diſcours que j'avois tenus à Dureal, l'avoient jetté dans un étonnement d'où il ne pouvoit revenir ; il me le fit ſentir d'une façon qui ne flattoit guères mon amour-propre. Il eſt juſte, me dit-il, avec un air abbatu (les amans heureux ou malheureux ont toujours la mine allongée, c'eſt le caractère de la paſſion ; trop de plaiſir, ou trop de peine, prend toujours ſur les traits) il eſt juſte que je vous rende à vos parens. A mes parens, repris-je vivement, je n'en ai point, ainſi vous voilà quitte envers eux ; je repréſente toute ma famille, & vous la voyez aſſemblée dans cette voiture ; en conſéquence j'opine que, puiſque nous ſommes en chemin, nous pourſuivions notre route, & je m'émancipe à cet effet. Il auroit pû répondre à cela que je l'étois un un peu plus qu'il ne falloit, & je n'y aurois pas entendu finesse. J'ajoutai que j'irois partout où il le jugeroit à propos, pourvû que ce ne fût point à Aix. Il auroit fallu une grande présence d'esprit pour suivre de pareils raisonnemens, je l'avoue ; aussi ne répondoit-il que d'une maniere vague, je m'apperçus même qu'il se gênoit, pour ne rien dire de désobligeant.

Il n'étoit pas question de retourner à la Ville ; les portes en étoient déjà fermées. Il ne sçavoit quel parti prendre; son indécision le conduisit à la seconde Poste ; j'eus le tems, avant d'y arriver, de lui faire un détail circonstancié de la méprise, & de ce qui l'avoit occasionnée. J'ajoutai même que j'avois entendu la Bazin dans la chambre de la Tourrière. Ah, Mademoiselle, s'écria-t-il alors, elle se disposoit à partir ; vous avez empêché l'exécution de son projet ; il n'y a plus pour moi de consolation, ni de bonheur. C'en est fait, je ne la reverrai plus : votre évasion rendra la sienne impraticable ; à présent on se défiera d'elle ; on l'observera sans cesse ; & je la perds sans retour.

Il sembloit qu'il voulût me prouver que j'avois tort d'avoir été enlevée ; ou plutôt de n'être pas sa chère Bazin. Que les hommes sont injustes ! Il ordonna au Postillon de prendre un chemin de traverse qui nous conduisit dans un petit Bourg, d'où il renvoya les Chevaux de Poste. Il avoit senti la nécessité d'une fausse marche pour tromper la vigilance de ses parens. Il prit des Chevaux d'un Paysan, & se fit conduire à une maison de campagne d'un de ſes amis ; mais il en étoit abſent. Le Concierge qui le connoiſſoit, en fit les honneurs. Nous décidâmes tous les deux qu'il falloit mettre cet homme dans notre confidence, & l'engager d'aller à la Ville, pour s'informer adroitement de ce qui s'étoit paſſé après mon départ. Cet homme ſe rendit à nos ſollicitations, & la nuit même il ſe mit en chemin, pour y arriver de bon matin.

Je ſoupai mal, & Dureal point du tout. Un inſtant après que nous nous fumes levés de table, une fille vint me chercher pour me conduire dans un appartement qui m'étoit deſtiné. Je témoignai aſſez haut que la nuit j'avois peur. Dureal plus obligeant que je ne l'aurois crû, engagea cette fille à faire dans la même chambre un lit de camp pour elle. Cette petite attention me rappella le Conte de Nicaise, car j'avois l'esprit orné, c'étoit le fruit de cette belle éducation que j'avois reçuë au Couvent; & j'eus une peine infinie à ne pas éclater de rire, en le quittant.

Il passa toute la nuit auprès du feu avec un livre à la main fort occupé à ne pas le lire ; je dormis peu, & selon les apparences, il en fit autant.

Le lendemain sur le midi, nous vîmes arriver notre Commissionnaire. Il s'étoit informé de tout avec une exactitude infinie ; il nous rapporta des choses si singulieres, que je ne sçaurois les passer sous silence.

Un moment aprés mon depart du Couvent, la Bazin & la Tourrière étoient sorties avec leur petit bagage, dans l'espérance de trouver aux environs la Chaise de Poste. Ne la voyan pas, elles crûrent que le Postillon par excès de prudence, s'etoit un peu éloigné. Cette réfléxion les conduisit dans trois ou quatre rues du voisinage: elles regardoient de tous côtés, sans oser faire la moindre question: elles craignoient à chaque instant que quelqu'un ne les reconnût; il leur sembloit que tout le monde étoit informé de leur évasion, & que tous ceux qui passoient, étoient chargés de les arrêter.

L'inquiétude de ne pas trouver la voiture, fit place à une plus grande. Elles entendirent tout-à-coup un grand bruit; la populace couroit en foule; les Archers s'avancoient par bandes: on disoit tout haut qu'on venoit d'enfoncer les portes du Couvent même d'où elles s'étoient échapées. Dans les Villes de Province, un petit bruit fait une grande émeute. Cette nouvelle dont elles étoient instruites en partie, les effraya tellement, qu'elles coururent toute la Ville, sans sçavoir où elles alloient. Elles croyoient que la Supérieure s'etant apperçuë de leur fuite, les faisoit chercher; il leur auroit été difficile de prévoir tout ce qui étoit arrivé. Le Lecteur pourroit être dans la même perpléxité, je vais lui épargner la peine de creuser son imagination.

La nuit qui s'avançoit à grands pas, avoit ramené dans la Ville cinq jeunes gens qui avoit passé la journée a une *Bastide*. L'un d'entr'eux étoit accompagné de son Chien de Chasse qu'il aimoit beaucoup. Cet animal entra dans le Couvent par la porte que la Tourrière, en partant avoit laissée entr'ouverte. Son

Maître l'appelle envain ; voyant qu'il ne revenoit pas, il ſe détermine à courir après lui. Ses amis le ſuivent ; il vont juſques dans le Jardin ; ils apperçoivent une grande clarté, ils s'avancent ; ils voyent à travers les fenêtres, les Religieuſes à table, & le Chien au milieu de la ſalle qui n'avoit encore été vû de perſonne. On appelle *Medor*. Ce cri les trouble tellement, qu'elles ſe perſuadent avoir entendu le Diable. C'eſt la premiere choſe qui ſe préſente à leur imagination retrécie. Les jeunes gens font de grands éclats de rire. Pour le coup elle ſe croyent perdues ſans reſſource;elles ne doutent plus qu'il n'y ait quelque revenant dans cette ſale ; elles quittent la table ; elles gagnent la porte, en criant comme des folles ; nos étourdis ſortent de leur côté avec une précipitation inconcevable, traversent le Cloître, rencontrent ces bonnes filles effrayées, en renversent quelques-unes en courant; celles qui suivoient, se précipitent les unes sur les autres; elles remplissent de frayeur toute la maison; le fidéle Medor qui sent son Maître dans la mêlée, se met en devoir de le défendre, s'élance dans la troupe renversée, l'épouvante par ses hurlemens, se roule, mord, déchire les voiles, & s'attache à belles dents à toutes les guimpes qu'il met en mille piéces.

Les cris affreux de ces Religieuses se font entendre hors de la maison; le Peuple s'ameute, la Garde vient, on arrête deux de ces Etourdis; on les accuse d'avoir enfoncé les portes; on les conduit en prison. Ensuite on asſemble la Communauté ; on fait des perquiſitions dans tous les dortoirs, elles paſſent toutes en revuë; on s'apperçoit enfin de notre abſence. La Tourrière & la Bazin que la Garde avoit rencontrées, ſont ramenées au Couvent; on les met en pénitence, elles n'en murmurent pas; elles ſçavent qu'elles le méritent ; mais elles auroient voulu le mériter davantage, & ce n'étoit pas leur faute.

Les parens des jeunes gens arrêtés les juſtifient , ſollicitent leur liberté, font agir auprès de la Supérieure, afin qu'elle la demande elle-même, ainſi que les Magiſtrats en ſont convenus ; elle s'y oppoſe formellement ; ſon opiniâtreté va ſi loin, qu'elle irrite contr'elle, ceux même qui lui avoient de ces obligations qui font toujours mépriſer ceux auſquels on en eſt redevable ;

on murmure ; on laisse échapper quelques traits de ses complaisances ; ces propos courent de bouche en bouche jusqu'aux Magistrats ; ils ne peuvent se dispenser d'approfondir les choses. Le crime, ou la calomnie étoient graves ; il faloit nécessairement punir l'un, ou l'autre.

On remonte à la source de ce ce bruit ; les indiscrets ne le démentent pas ; on reçoit leur déposition ; on arrache ce monstre de son Couvent ; on le traîne honteusement en prison ; & quelque bonne envie que l'on eût pour l'honneur de son état, de le soustraire à la rigueur des Loix, les circonstances se trouvent si graves, les preuves si fortes, & le mal si grand, qu'on ne peut se dispenser de le punir publiquement.

La Lacroix atteinte & convaincuë de mauvais commerce, d'avoir proſtitué les jeunes perſonnes qui étoient ſous ſa diſcipline ; & de mille manéges honteux dont elle s'étoit ſervie pour pénétrer leur penchant & leur goût, eſt condamnée * à faire amende honorable, à être fuſtigée par toute la Ville, & enſuite bannie du reſſort du Parlement.

Une affaire de cette nature fit du bruit non ſeulement dans la Provence, mais encore dans tout le Royaume : elle fut jugée les Chambres Aſſemblées. Les jeunes Sénateurs étoient d'avis qu'on mît la Lacroix hors de Cour & de Procès ; il falloit être bien jeune pour penſer ainſi ; à l'égard des anciens qui étoient preſque tous peres de famille, ils auroient voulu que la Loi eût prévû un

* Arrêt du Parlement d'Aix du 4. Juin 1709.

pareil cas, & qu'elle eût réſervé à cette malheureuſe le plus affreux ſupplice. On jugera par cet excès de ſévérité, qu'ils avoient longtems vêcu, & qu'aucun d'eux ne pouvoit plus être dans le cas de la reconnoiſſance à l'égard de cette femme. Dans de pareilles affaires, la différence d'une quarantaine d'années influë beaucoup ſur les opinions ; de là vient même qu'une jeune Solliciteuſe aimeroit mieux avoir dix procès aux Enquêtes, qu'un ſimple incident aux Chambres Supérieures. Il ſemble que la conformité d'âge donne plus de liberté, & qu'il en coûte beaucoup moins d'en laiſſer prendre.

J'avois diſparu, & Dureal avoit pris la fuite ; nous étions donc enſemble. Voilà le raiſonnement de ſes parens ; car ces Meſſieurs ſont toujours forts pour les conſéquences, & ſouvent ils les tirent très-justes. Ils étoient persuadés que nous étions d'intelligence. Ils auroient mieux aimé qu'il eût fait une plus haute sotise, que de se tromper dans leurs conjectures. On trouve toujours de ces bonnes têtes dans les familles ; & surtout quand cela remonte à la troisiéme ou quatriéme génération, où les avis les moins raisonnés, paroissent toujours les plus raisonnables.

Après beaucoup de débats, il fut décidé qu'il falloit attaquer Poussin pour qu'il représentât sa prétenduë fille ; ils n'avoient pas de raisons, mais ils avoient des amis ; ils comptoient plus sur l'un, que sur l'autre. Poussin qui avoit de son côté des raisons, & qui voyoit qu'ils n'avoient pas le sens commun, s'embarrassa fort peu de tout ce qu'ils pouvoient faire ; & sa sécurité le mit à l'abri de leurs persécutions.

On voyoit avec regret que Dureal étoit toujours le même, passe pour cela. On croyoit que sans changer d'inclination, il n'avoit fait qu'en varier l'objet; ils se trompoient en ce point; mais leur erreur ne dura pas; nous y mîmes bon ordre, & par respect pour eux, Dureal ne voulut point qu'ils fussent à cet égard dans leur tort, & j'y contribuai sans avoir le même motif.

L'amour de Dureal pour la Bazin étoit une espéce de frénésie qui n'avoit jamais le moindre éclair de raison. La méprise du Postillon le désespéroit; & la gayeté avec laquelle je m'étois présentée pour en faire les frais, l'avoit révolté. Malgré sa douceur naturelle, il me brusquoit en me faisant des politesses qu'il auroit pû pouſſer plus loin, s'il s'en fût rapporté à mon air aiſé. Uniquement occupé de ſa tendreſſe, il me parloit de cet événement, comme ſi je n'y étois pas intéreſſée.

Nous ignorions l'un & l'autre la ſcène riſible & en même tems cruelle que les Religieuſes & la Lacroix avoient donnée au Public. Le retour de l'homme que nous avions envoyé à la découverte, nous en apprit une partie ; & nous ne fumes inſtruits du reſte, qu'à proportion que la juſtice nous en préparoit les événemens. Je les ai placés tout de ſuite, pour ne pas y revenir.

Les parens de Dureal étoient furieux ; ils en vouloient à notre liberté pour nous ôter celle de faire les ſotiſes dont ils nous ſoupçonnoient. Je lui perſuadai la néceſſité de nous éloigner,

& de chercher une retraite sûre d'où nous pussions traiter avec eux, sans trop nous relacher de nos droits, & sans compromettre notre dignité. Eh que deviendroit alors ma chere Bazin, s'écria-t-il ! chaque pas que je fais, m'arrache l'ame ; elle est malheureuse, & je l'abandonnerois ! Non, je ne souffrirai jamais qu'elle soit la victime des caprices & de la fureur de mes parens. Quel droit ont-ils sur sa personne ! L'opulence & le crédit accableront-ils toujours l'innocence, & persécuteront-ils la vertu ! Je sçais qu'il n'est pas aisé de rendre coupable celui qui est innocent, mais souvent on ne réussit que trop à le rendre malheureux. Ma chere Bazin est dans ce cas ; c'est à moi d'y donner ordre, oui, je le dois:plus le danger sera grand, plus je lui prouverai mon amour & ma reconnoiſſance.

Après ce beau raiſonnement, il s'en prenoit à lui-même de la cruauté de ſes parens. Il vouloit venger ſa maîtreſſe, en renonçant à la vie : il ſe jette ſur ſon épée, je l'arrête, il me bruſque. Je veux la lui arracher ; il la retient ; je l'abandonne à ſa fureur, & il la laiſſe échaper de ſes mains. Une heureuſe réfléxion le déſarme. Les amans ſeroient bien dupes, ſi dans ces momens on les laiſſoit faire.

Tout ce que je lui diſois pour le conſoler, étoit inutile ; je pris le parti de me taire, il en fit autant. De tems en tems il égayoit ſon ſilence par des profonds ſoupirs, & j'étois aſſez *bonaſſe* pour y répondre, quoique je n'en fuſſe pas l'objet. Le peu de part qu'il prenoit à mon ſort, auroit bien dû me diſpenſer de m'intéreſſer au ſien.

Après quelques diſcuſſions, nous partîmes pour Avignon, où l'on reçoit avec bonté les amans heureux, quoique perſécutés. Nous deſcendîmes au premier logis que nous trouvâmes. On nous donna une chambre où il n'y avoit qu'un lit. On ne daigna pas s'informer du degré de notre parenté; l'hôteſſe n'étoit pas curieuſe de nos affaires. C'eſt une très-bonne façon pour s'attirer la confiance des Etrangers. Le ſcrupuleux Dureal y ſuppléa, en lui diſant d'un ton grave, que je n'étois point ſon épouſe, & qu'on eût pour agréable de préparer une autre chambre ou pour lui, ou pour moi. On nous en offrit une à deux lits; même difficulté. Je l'avois d'abord acceptée;

mais il releva cette étourderie, en disant qu'il ne suffisoit pas que nous n'eussions rien à nous reprocher, mais encore qu'il faloit éloigner tout ce qui pourroit donner lieu au moindre soupçon. Il poussoit sa délicatesse jusqu'à vouloir aller prendre pour lui un autre domicile; je levai ce scrupule; d'ailleurs je connoissois la Bazin; il s'imaginoit que je lui en parlerois souvent; il se rendit à cette derniere considération.

Trois jours s'étoient écoulés, depuis notre arrivée, dans l'incertitude & dans l'agitation, sans sçavoir ce que nous faisions, encore moins ce que nous devions faire; réciproquement ennuyeux l'un à l'autre, & très-souvent mutuellement ennuyés. Il étoit aisé de tirer meilleur parti de notre situation. Je n'ai jamais vû de jeune homme plus tendrement ſtupide, & moins fertile en expédiens. Tout ſon eſprit & toute ſon ame s'abſorboient dans ſon cœur, & l'un & l'autre étoit enveloppé d'une triſteſſe noire qui tenoit de l'anéantiſſement.

Un pareil vis-à-vis n'eſt pas fort amuſant ; dans les premiers momens il intéreſſe, enſuite il occupe, après il fatigue & l'on en reſte là. C'eſt la marche ordinaire du cœur. Le mien qui n'étoit pas encore fort expéditif dans le ſentiment, s'arrêta au premier objet ; & je m'intéreſſois avec plaiſir. Inſenſiblement je perdis ma gayeté naturelle ; je devins rêveuſe, inquiette, indifférente à moi-même, parce que je ne l'étois pas aſſez pour Dureal. C'étoit la premiere fois que je me trovois dans cet état, quoique j'euſſe paſſé par des ſituations qui, dans l'ordre des choſes, auroient dû n'en être que la ſuite.

La Ville que je ne connoiſſois pas, me déplaiſoit ; ma chambre m'étoit inſupportable ; & je ne m'ennuyois pas avec le ſeul Duréal, quoiqu'il fût alors le Mortel le plus ennuyeux. Je le plaignois toujours, & ma compaſſion n'alloit jamais juſqu'à la Bazin. Je ſentois un plaiſir ſecret à m'intéreſſer à lui, ſans démêler encore le motif de cet intérêt ; je craignois, & je me plaiſois en même tems à le voir ſoupirer, & verſer des pleurs pour l'objet de ſa tendreſſe. Un moment après je lui reprochois intérieurement cette ſenſibilité. Je tâchois de lui faire oublier la Bazin, & je lui parlois ſans ceſſe d'elle. Etrange ſituation pour une jeune perſonne qui n'a pas encore fait connoiſſance avec elle-même.

Tous ces mouvemens confondus dans mon ame, étoient les avantcoureurs d'une paſſion tendre & impétueuſe qui dans les premiers inſtans ſe déguiſe pour mieux nous ſéduire, qui naît de la confiance, s'éveille par la compaſſion, s'augmente par l'habitude, ſe conſole par l'eſpérance, & qui éclate enfin lorſqu'on y penſe le moins.

On apprit bientôt à Aix le lieu de notre retraite, & que nous étions en ſociété pour cette étourderie. Nous nous trouvions à l'abri des hoſtilités & de la mauvaiſe humeur de nos parens, qui reſſemblent ordinairement à ces climats diſgraciés de la Nature, où l'on ne voit que de la pluye, & des orages, où l'on n'entend que le chant des hiboux & le croaſſement des corbeaux.

Pour diſſiper l'ennui qui nous

accabloit, Dureal voulut bien me procurer le plaiſir de la Comédie que je n'avois jamais vuë. Nous allâmes très-humblement aux troiſiémes Loges. Je n'étois pas dans un état aſſez honnête pour paroître ailleurs. Il eſt bon d'obſerver que, comme l'on m'avoit enlevée au moment où j'y penſois le moins, je n'avois abſolument rien, non ſeulement pour me parer, mais encore pour les beſoins les plus preſſans. Il avoit eu l'attention de ſe munir de tout ce qui étoit néceſſaire à la Bazin. Il m'offrit une des robes qui lui étoient deſtinées; je m'en ſervis, & comme j'étois beaucoup plus grande qu'elle, on eût dit que j'étois en *pet-en-l'air*. Nous n'y regardâmes pas de ſi près, & dans cet équipage nous montâmes décemment aux troiſiémes Loges qui étoient remplies de tous les Laquais de la Ville; mais le plaisir de voir pour la premiere fois la Comédie, me les fit trouver très-bonne compagnie.

On jouoit la Tragédie d'Iphigénie; Dureal n'en perdoit rien; il s'attendrit vivement au moment où pour aller immoler cette Princesse, on l'arrache des bras de sa famille. Dans nos malheurs la moindre circonstance en rapproche les objets, & tout sert de piéce de comparaison. Pour n'être pas reconnu, il tenoit avec affectation son chapeau devant le visage; dans cet instant livré à sa douleur, il le laisse échapper; je veux le retenir, mon éventail a le même sort; l'un & l'autre tombent dans le Parterre qui s'empresse toujours de saisir le plus petit événement pour faire un très-grand bruit. On trouve qu'un qu'un chapeau & éventail échapés en même tems des troisiémes Loges, sont une matiere assez importante, pour mériter une attention particuliere. On nous suppose des affaires d'intérêt qui nous ont fait perdre de vuë celui de la Piéce. Il s'éleve tout de suite des *Brouhaha* & des ricanemens qui déroutent totalement les Acteurs. Grande dispute dans le Parterre à qui nous rapportera nos meubles pour tâcher de nous reconnoître. Comme dans ces occasions le plus étourdi & le plus turbulent l'emporte, nous vîmes arriver avec impétuosité un jeune homme qui me rendit le chapeau, & l'éventail à Dureal, bévuë qui caractérise le grave sujet que le Parterre avoit député. Dans le même instant il s'écrie à haute voix : Eh quoi ! c'est toi, mon ami ! eh depuis quand dans cette Ville ! Viens donc que je t'embrasse ! Qui diable t'auroit cru ici, mon cher Dureal ! Ce nom répété par cinq à six échos, remplit dans le moment toute la Salle. Les éclats de rire de cette grosse canaille qui étoit à nos côtés, fixérent sur nous les yeux de tous les Spectateurs. Les questions & les propos que fit naître cet incident, mirent bientôt la Ville & les Fauxbourgs dans la confidence de notre arrivée.

Eh d'où sors-tu, mon cher ami, continua le Chevalier de Sinteul, (c'est le nom de notre Etourdi)! par quel hazard te trouves-tu dans cette Ville, où il n'y a pas une once de sens commun; car, vois-tu, je la connois déja par cœur... Où as-tu déterré cette jolie personne! Tu as toujours été heureux;

tu n'en diſconviendras point. Je n'ai rien vû de ſi charmant. Ces yeux bleus, ce nez un peu retrouſſé, ces petits traits chiffonnés..... C'eſt à *peindre*, à *ravir*, mais à *frapper*. Cela m'a l'air neuf, voilà tout le défaut qu'on y pourroit trouver; car à nous, il nous faut des femmes *faites*. Il faut former *cela*, mon ami, il faut former *cela*. Vient-elle de loin! Lui feras-tu des rentes! mais non, il vaut mieux lui donner *la rivière avec toutes ſes dépendances* : cela fait honneur; on s'annonce par-là dans le Monde; c'eſt comme un Coureur qui porte nos armes à ſon bonnet. Que je ſuis enchanté de te rencontrer! J'ai cent fois maudit l'uſage des chapeaux, & depuis que notre Nation n'a plus de tête, on feroit très-bien de les réformer totalement. Que les Caffards en portent, paffe ; qu'ils les ayent grands & bien enfoncés, c'eft encore à propos ; ils dérobent par-là au Séxe une partie de ces regards étincelans qui expriment fi voluptueufement les defirs & la contrainte. Mais nous, qui devons être leftes & dégages, dont les moindres mouvemens doivent être autant de graces, les contorfions même, des attitudes délicieufes, nous fommes bien dupes de nous en embarraffer ; il faut avoir une furieufe docilité pour l'ufage.

Il n'en eft pas tout-à-fait de même des éventails, pourfuivit-il avec une volubilité qu'on ne pouvoit jamais arrêter. *Cela a fon bon & fon mauvais*. Nous leur avons l'obligation d'efcamoter de vilaines phyfionomies, & je leur en fçais un gré infini : à l'é gard des jolies femmes, elles se laissent assez voir; elles sçavent avec art ménager les intervalles d'occupation, & les momens où les traits se développent mieux; elles sentent cela.

J'ai fait une très-ample dissertation sur les éventails, matiére à la vérité plus singuliére, qu'intéressante; mais il faut bien s'occuper à quelque chose, & contre l'ordinaire des gens de mon état, je t'avertis que je pense, & qu'en cela quand il le faut, *je cave au plus fort*. Oh diantre tu trouveras là du neuf, mais du très-neuf; j'y peins à *miracle* une femme de condition, *titrée* si tu veux, qui faisant semblant au Spectacle de s'attendrir sur une situation, dérobe au Spectateur les trois quarts de sa physionomie, pour promener son intérêt sur tous les jeunes gens qui ſont ſur le Théâtre, ou à l'entrée des couliſſes. On y voit une femme de Robe (elles ne ſont pas encore au bon ton, mais elles en approchent, depuis qu'el les abandonnnent le marais) qui cache à ſon amant cette innocen te rougeur, qui dans une décla ration, conſtate le moment de ſ foibleſſe. Tu verras encore avec quelle légèreté la femme d'ur Financier donne un coup d'éven tail ſur les doigts parfumés d'ur jeune Sénateur, qui ne connoî du Palais, que le magazin de *La freſnaye*. Il ſeroit du dernier ridi dicule qu'elle eût la main auſſ peſante que ſon cher & loya époux ; elle répand dans le Pu blic ſes tréſors à raiſon d'indem nité & de reſtitution. Enſuite je découvre le manége d'une Actrice qui... finit une piéce, n'eſt-ce pas, dit Dureal avec la der niére impatience, voyant baiſſer le rideau. Oui, répondit le Chevalier ; mais j'aurai le plaiſir de paſſer avec toi le reſte de la ſoirée, car je veux me dédommager de trois ans d'abſence. Je vais t'accompagner. Sçais-tu que la petite eſt *d'un blanc* à éblouir... Nous nous verrons ſouvent ; j'ai près d'un mois à ſacrifier à des parens : je ſuis ici en famille, ce qu'on peut appeller *noyé dans la parenté*, juge de la figure que j'y fais. Heureuſement je ne vois ces gens-là qu'à table.

Le beau coup d'œil en effet que de voir là huit ou dix oncles, tantes, neveux ou niéces, occupés à vivre ! La converſation en eſt *ſupérieure*. On y parle de mariages, de maladies, de morts, de deuils, de ſucceſſions, de procès ; on y diſcute tous les intérêts de la famille, les ſubſtitutions à remonter, ou à deſcendre juſqu'à la dixiéme génération. On y péſe le tempérament ; on y évaluë les poitrines.... Mais à propos, t'apperçois-tu que je t'accompagne ? J'aurois bien tort, dit Dureal, de ne pas m'en appercevoir ; je vous ai même déja prié de ne pas vous gêner. Oh point du tout, continua le Chevalier ; ſi tu veux que ton avanture ait un air de myſtère, je vais renvoyer mes Porteurs, car ces Faquins me ſuivent. Ils ſont en Province d'une bêtiſe *étudiée* ; cela ne comprend rien. Holà hé.... qu'allez-vous faire ! lui dit alors Dureal ; gardez-vous de les renvoyer ; vous en aurez bientôt beſoin pour vous ramener, & peut-être encore auroient-ils la bonté de croire.... Eſt-ce que la réputation de la petite, repliqua le Chevalier, dépend de cette basse canaille ! cela doit être la moindre de tes inquiétudes.

Etant arrivés au logis, il se mit sans façon à table avec nous. Malgré les audiences de congé les plus complettes & très-souvent réitérées, il poussa son indiscrétion jusqu'à deux heures après minuit.

Le lendemain à peine étoit-il jour, que Dureal le vit entrer. Il avoit cru nous surprendre dans le même appartement, & vraisemblablement encore plus près. Il fut scandalisé de la prudence qu'il supposoit que nous mettions dans nos amours ; il épuisa toutes les mauvaises plaisanteries qu'un *talon rouge* fait en pareille occasion. Il trouvoit le choix de son ami merveilleux ; Dureal s'en défendoit vainement ; les apparences prouvoient plus que ses discours. En un mot cela devoit être ; voilà l'arrangement qu'il avoit fait dans sa tête.

Le Chevalier étoit si obstiné à croire que nous étions en intrigue réglée, que Dureal fût obligé de se monter sur le ton de dignité. Il lui dit d'un air très-sérieux ; nous prêtons, Monsieur, ordinairement aux autres tous les vices & tous les ridicules qui s'accordent avec nos inclinations ; & notre pénétration s'arrête toujours sur les circonstances qui flattent nos passions, ou qui entrent un peu dans notre caractère. C'est une vérité que vos propos justifient. Quoique vous en disiez, continua-t-il, je ne vous ferai point un détail de mon avanture avec la personne qui est l'objet de vos froides railleries & de vos injustes soupçons ; le préjugé est contre nous, je l'avouë, mais je vous proteste que je n'ai aucune prétention sur son cœur ; & je suis persuadé que son indifférence égale tout au moins la mienne.

Cela n'est pas possible, s'écria le Chevalier : puisque tu t'obstines à nier le fait, avant trois jours je sçaurai jusqu'à la moindre particularité de cette intrigue. Nous ne sommes pas absolument si éloignés de la source ; & je te ferai voir que je suis de meilleure foi que toi. Dureal allarmé de cette menace, le pria de n'en rien faire ; il le promit, & ne tint point parole. Les étourdis ne passent pas pour méchans, mais celui ci avoit l'avantage de réunir ces deux qualités.

Nous ne sçavions ni l'un ni l'autre pourquoi nous restions si longtems dans cette Ville ; on eût dit que le hazard nous y avoit placés, & que nous attendions tranquillement qu'il voulût bien nous en tirer.

Toutes les occupations de Dureal se bornoient à soupirer, & à écrire tous les jours réguliérement à un de ses amis qui ne lui répondoit jamais. Nous étions tristes, & nous ne cherchions pas à nous distraire. Le Chevalier nous fatiguoit par ses fréquentes visites; il ne nous quittoit plus : ses assiduités étoient trop marquées, pour les confondre avec sa prétenduë amitié : elles allerent si loin, que nous ne pumes nous empêcher de lui en témoigner quelque dégout. Les mauvais complimens coûtent toujours ; & il y a des gens qui ne sçavent pas se les épargner.

Le Chevalier s'étoit apperçu que nous le *portions*, il s'imaginoit qu'il gênoit notre tendresse ; il nous prioit très-instament de ne point prendre garde à lui, nous assurant que notre circonspection le chasseroit, si elle duroit davantage. Il cherchoit à se rendre nécessaire ; rôle ordinaire des importuns qui craignent d'être congédiés. Un zéle apparent les sauve de cette humiliation.

Il vouloit tout sçavoir, & nous ne lui faisions aucune confidence. Il nous offroit des services, nous ne les acceptions pas. Il cessa d'être plaisant, il en devint moins fatigant, & guères moins ennuyeux. Enfin à force de nous importuner, il eut l'art de nous accoutumer à ses importunités.

Quelques petites railleries qu'il nous faisoit essuyer de tems en tems, nous firent connoître qu'il étoit instruit de tout, & qu'il avoit trouvé le secret de se passer de notre confidence. Dureal éloignoit prudemment tout ce qui pouvoit l'en convaincre, pour ne pas en venir à de certaines extrêmités. Ceux qui ont du bon ſens, ſont ordinairement obligés d'en avoir pour eux & pour leurs amis.

Le Chevalier ſe mit en tête d'avoir des prétentions ; il avoit fait ce petit arrangement ſans me conſulter. Il me faiſoit tout bas des déclarations que je répétois tout haut. Il juroit qu'il m'aimoit beaucoup ; je lui proteſtois de mon côté le contraire, ou du moins l'équivalent. Il me recommandoit de n'en rien dire à ſon ami, & je trouvois fort à propos qu'il en fût inſtruit. Il ſaiſiſſoit tous les inſtans où Dureal diſparoiſſoit pour me faire les aveux les plus tendres, & je ne manquois pas le premier moment de ſon retour pour les lui rendre. Cela le déſeſpéroit,

& m'amusoit beaucoup. Il voyoit clairement que je me mocquois de lui, encore n'en vouloit-il rien croire ; il comptoit beaucoup sur l'inconstance naturelle à mon séxe, & je faisois un grand fonds sur ses ridicules, pour ne prendre jamais du goût pour lui.

L'indifférence de Duréal me donnoit de l'occupation ; & je la voyois avec douleur. Cependant je ne croyois pas l'aimer : je ne pouvois définir ma situation ; je craignois qu'il ne s'apperçût de mon embarras, je connoissois les mouvemens de l'amour-propre, & je ne pouvois pénétrer ceux de la tendresse, quoiqu'elle remplît toutes mes idées, tous mes projets, tous mes momens, jusqu'à ceux que j'étois forcée de donner au sommeil.

Dureal ignoroit le sort de la Bazin, & son inquiétude alloit juſqu'à moi. J'étois de moitié des ſoupirs qu'il donnoit à ma rivale, dont j'enviois le bonheur, elle étoit dans une eſpéce de priſon, & le motif de ſa retraite me faiſoit deſirer d'être à ſa place ; la perſécution qu'elle éprouvoit établiſſoit ſon triomphe ; j'étois jalouſe des larmes qu'elle faiſoit répandre. Qu'elle étoit heureuſe à mes yeux ! Elle ne voyoit pas ſon amant, il eſt vrai, mais elle en étoit adorée. J'étois avec lui, & en même tems loin de ſon cœur. En un mot, je reſſentois leurs peines, & je ne partageois pas leurs plaiſirs ; je n'avois que celui de l'envier, & d'en conſerver l'idée. Que l'on s'épargneroit de ſoins & d'inquiétudes, ſi la raiſon marchoit à côté des deſirs !

Notre état étoit une eſpéce d'anéantiſſement d'où il falloit néceſſairement ſortir. Dureal ne recevoit aucune lettre de ſon ami. Inquiet de ce qui ſe paſſoit à Aix il réſolut d'y aller ; je fis inutilement tous mes efforts pour l'en détourner. Il avoit l'heureux talent de faire des ſotiſes avec autant de réfléxion, que le Chevalier mettoit d'étourderie dans les choſes les plus raiſonnables. Je lui repréſentai l'inclination naiſſante du Chevalier, & qu'il m'expoſoit à ſes impertinences, en me laiſſant dans cette Ville ; il m'aſſura qu'il riſquoit encore plus que moi, & il partit.

Le motif qui l'engageoit à s'éloigner n'étoit pas conſolant. Le Chevalier qui le ſentoit comme moi, m'offrit tout de ſuite des moyens de conſolation prompts, & ſelon lui, immanquables. Je ne crus pas devoir les accepter. Après avoir filé le ſentiment en pure perte, il voulut bruſquer l'avanture; mais je fus encore plus opiniâtre, qu'il ne fut impertinent, & la doſe étoit honnête. Je me plaignis amérement de ſes procédés; il en murmura plus que moi; il prétendoit que j'avois tort; quelquefois je lui donnois raiſon, mais ce n'étoit que dans les momens de dépit, & je ne le trouvois alors coupable, que du côté de la forme.

Il fit une nouvelle ſortie plus vive que la premiére; il commençoit à gagner le terrain; mais je le traitai ſi bruſquement, que je déroutai ſa témérité.

Vous voulez donc Mademoiſelle, me dit-il, après avoir jetté les yeux dans un miroir, que je ne ſorte plus d'ici. Ce ſont vos affaires, je vais m'y établir, jusqu'à ce que les cicatrices que vous venez de me faire, soient entiérement effacées. Je ne suis plus présentable ; vous m'avez mis dans un état affreux. J'ai vu certainement beaucoup de femmes, mais je n'en ai jamais trouvé qui se soient défendues si bien, & de plus mauvaise grace ; car enfin vous avez mis de la force, où il ne falloit que de la dignité. Je vous donnerai, si vous voulez, des principes de résistance, moins fatiguants & plus sûrs.

J'ai beaucoup vécu, & je suis en état de vous éclairer sur bien des choses.... Vous me fixez? Riez autant qu'il vous plaira, mais je vous prouverai que je connois le Monde. J'ai d'abord assez mal débuté sur son théâtre; j'étois sur le point de n'en jamais relever, parce que faute d'expérience j'avois affiché une intrigue bourgeoiſe ; je n'en ſçavois pas davantage ; j'étois heureux ; je jouiſſois ; je goutois le plaiſir, & je ne le raiſonnois pas.

Heureuſement je reconnus à tems le danger & le ridicule de ma ſituation ; & comme l'on ne peut ſe tirer de là, que par une eſpéce de gradation, je paſſai d'abord par la Finance, où j'épurai un peu les manieres bourgeoiſes que j'avois contractées avec la femme d'un Banquier. Celle-ci m'avoit attaché à ſon char moins par goût, que pour perdre de vuë l'humiliation de ſa rôture, & pour pouvoir juger d'un homme de condition. J'en ſerois peut-être encore à ma Financiere, ſans le caprice d'une femme *comme il faut*, qui avoit eu la bonté de la recevoir chez elle, parce qu'elle avoit de la voix & de l'eſprit ;

& celle-ci s'en retira ſans aucun ménagement (car les femmes ont toujours de bonnes raiſons) parce qu'on y jouoit trop petit jeu ; que la vaiſſelle platte n'étoit pas gaudronnée ; que *Jeliote* n'y chantoit jamais ; & qu'on n'y pouvoit percer les nuits que juſqu'à quatre heures du matin. Vous conviendrez que cela n'eſt pas amuſant. Cependant la Marquiſe me préſenta la choſe comme une impertinence arrangée depuis longtems. Ayant réſolu d'en tirer vengeance, elle jetta les yeux ſur moi pour en remplir l'objet ; comme je n'ai jamais aimé les mauvais procédés, je me prêtai avec complaiſance aux vues de la Marquiſe.

Vous ne ſçauriez concevoir la rapidité des progrès que je fis chez elle dans huit jours ;

j'eus des tons, & je fus en état de figurer convenablement en petite loge ; on pouvoit m'avouer. Je dois à la Marquiſe le peu que je vaux à préſent. A la vérité elle me donna dans le commencement de rudes leçons; mais j'en avois beſoin ; & rien ne forme tant le cœur & le tempérament, que la bonne compagnie & les exercices violens.

Au bout de trois mois * de conſtance, nous nous quittâmes l'un & l'autre. Je croyois qu'il y avoit un peu de caprice de ſa part, mais enſuite je lui rendis juſtice, parce qu'on me fit voir clairement qu'on ne ſervoit ja-

* Il faut que le Lecteur ſe transporte dans ce tems-là, aujourd'hui une conſtance de trois mois ſeroit un ſiècle d'ennuis. Il ne faut plus qu'un jour pour l'amour, le ſecond pour les dégoûts, & le troiſiéme pour la rupture.

mais chez elle que par quartier.

La Marquiſe joignoit au plus joli minois de la terre, un cœur *excellent.* Vous en allez juger. Après trois ans de mariage, elle perdit un jeune époux qui s'étoit monté en Province ſur le mauvais ton d'aimer bourgeoiſement ſa femme. Elle choiſit par préférence l'appartement où il étoit mort; digne effort de la tendreſſe conjugale! elle avoit réſolu d'y paſſer conſtamment ſa vie, mais elle eut la douleur d'y voir mourir une petite Levrette qu'elle aimoit à la folie.

Il n'y avoit rien de ſi charmant que cette bête. Elle étoit *unique.* Elle mordoit juſqu'au vif avec des graces infinies, les jambes de ceux qui entroient? elle chiffonnoit avec une adreſſe étonnante les robes des femmes qui venoient voir ſa maîtreſſe. Elle rongeoit avec une application ſinguliére les meubles les plus galans ; elle renverſoit tout avec une légéreté prodigieuſe. En un mot elle réuniſſoit tous les talens attachés à ſon eſpece , & les poſſédoit tous à *miracle* ; auſſi la Marquiſe fut-elle inconſolable de cette perte. Des Magots mutilés , des Cabarets de la Chine ruinés , des meubles de prix *péris* , des garnitures de cheminée cent fois renouvellées par ſes gentilleſſes , tout lui retraçoit le ſouvenir de cette charmante Levrette. Sa douleur fut ſi vive , que pour la dépaïſer , elle fut obligée de prendre un autre Hôtel. Elle porta ſi loin ſa ſenſibilité (admirez ſon bon cœur que vous auriez pû perdre de vuë en la voyant s'emparer de l'àppartement de ſon époux après ſa mort) qu'elle

fut

fut vingt fois tentée de se retirer dans un Couvent, pour y pleurer le reste de ses jours une perte si chére ; elle étoit même désespérée de ne pouvoir point draper en cette occasion.

Il y avoit dans l'hôtel une conspiration tramée depuis long-tems contre cette chienne ; on ne douta pas qu'elle n'eût été empoisonnée. On eut de violens soupçons contre une Femme-de-chambre qui avoit eu l'audace de murmurer de ce qu'on lui faisoit payer un *point d'Angleterre*, & d'autres miséres de cette espéce, que cette petite bête avoit mis en piéces avec une adresse admirable. Elle eut l'impertinence de dire à sa maîtresse qu'il y avoit de la cruauté de lui retenir ce qu'elle avoit gagné depuis deux ans, tandis qu'on ne regrettoit pas à *Lion-*

nois cent piſtoles tout au moins qu'il en coutoit chaque année pour veiller à la ſanté de la Levrette & d'autres Chiens.

Voilà de ces reproches auxquels les Maîtres ne ſçauroient ſe faire ; auſſi elle eut ſon congé dans l'inſtant même. Comme je voyois que la Marquiſe prenoit ſur ſa ſanté en querellant cette inſolente, je voulus rabattre les coups, elle ne pénétra pas mon motif, & ſe diſpoſoit à me donner le mien, lorſque je le pris quelques jours avant le quartier expiré. D'ailleurs elle étoit tellement changée, qu'il n'y avoit plus moyen d'y réſiſter. Je n'ai jamais eu un goût bien décidé pour les figures triſtes ; je reſpectai ſa douleur, & je la laiſſai gémir en paix. Voilà la véritable raiſon de notre ſéparation, dont je ne me ſouvenois pas d'abord ; mais peu-à-peu je me ſuis remis ſur la voye.

Toutes ces femmes & beaucoup d'autres que je pourrois citer, ne m'ont pas donné le quart de l'occupation que vous me préparez. Il y a de petites fantaiſies qu'il faut ſe paſſer dans le Monde, parce qu'elles ne tirent jamais à conſéquence vis-à-vis d'un engagement ſérieux auquel on eſt toujours à tems de revenir; c'eſt la reſſource des bons cœurs, un pis aller qui ne ſçauroit nous fuir.

Le plaiſir ne veut que la ſurface de l'amour; il s'échappe auſſitôt qu'on veut lui faire prendre un air d'établiſſement & de diſcuſſion. Vous en êtes là, je gage; vous allez vous perdre, ſi vous n'y prenez garde; je vous en avertis, afin que vous y donniez ordre. A quoi reſſemble cette belle paſſion pour un homme qui vous ſacrifie à une ſimple amourette, & qui date de plus loin que votre intrigue avec lui! Cela doit vous faire voir clairement que vous n'avez jamais bien pris dans ſon cœur. Rapprochez donc une fois les objets ; vous le devez pour votre honneur. Vous vous ferez des affaires avec votre Séxe, dont vous compromettez trop cruellement la dignité. Mon ami abuſe de votre bonté ; mettez donc à profit votre ſituation : il ne ſauroit exiger plus d'égard, qu'il n'en a lui-même, à moins que la tête ne lui ait tourné.

Tous ces propos ne me faiſoient aucune impreſſion, quoiqu'ils fuſſent plaiſans & vrais. Il y mêla un peu de noirceur ; il me repréſenta Dureal comme un homme inquiet, bouru, ſans complaiſance, pour lequel je ne devois avoir aucune conſidération ; il ſeroit même allé plus loin , ſi je ne l'avois pas prié d'abréger ſon éloge.

Il n'ignoroit pas les motifs qui avoient déterminé Duréal à faire ce voyage, il en tiroit tous les avantages imaginables , tantôt pour m'humilier , tantôt pour m'inſpirer le deſir de la vengeance dont il prétendoit qu'il devoit néceſſairement être de moitié.

Vous quitter, diſoit-il , pour aller chercher une rivale qui certainement ne vous vaut pas ; cela eſt affreux. Cette conduite n'eſt pas ſoutenable ; vous ne ſçauriez vous diſpenſer de l'en punir. Je ſens que le moment de la vengeance n'eſt pas encore arrivé, mais je vous prie de vous ſouvenir de moi , quand l'occaſion s'en préſentera , je ſuis à vos ordres , & j'attendrai votre commodité.

Je le menaçai de rendre compte à ſon ami de ſes bonnes intentions , & du portrait avantageux qu'il m'en avoit fait ; il m'en deffia, comme s'il avoit priſe ſur moi ; je lui fis voir au contraire que j'en avois ſur lui , & que je n'aimois pas les défis.

Inquiette du voyage de Dureal, je comptois tous les momens de ſon abſence , & je ne m'attendois point du tout à un retour auſſi promt qu'il l'avoit promis ; cependant il tint parole. Après quelques premiers complimens aſſez froids, il ſe répandit en injures contre notre Séxe ; il en diſoit , ſans ſe gêner , mille horreurs , parce qu'il prétendoit depuis ſon départ , l'avoir beaucoup mieux connu. Il eſt vrai que les voyages forment bien la jeuneſſe. Il me faiſoit l'honneur de m'excepter ; mais je voyois bien que c'étoit moins par égard, que pour avoir occaſion d'en dire plus librement ſon ſentiment.

Ce début n'annonçoit rien de bon ; je crus devoir lui rendre toutes ſes impertinences , en y mettant toujours une petite parenthèſe en ſa faveur. Pour prouver ce que j'avançois , n'ayant pas autant voyagé que lui , je lui fis part de la conduite du Chevalier & du danger auquel il m'avoit expoſée. Dureal lui fit des reproches très - vifs , auxquels il répondit très-froidement. » Je puis avoir été aſſez étourdi » pour avoir un peu *véxé la pe-* » *tite* ; je ſuis trop honnête hom- » me pour le nier ; mais le tout , » je te jure , ſans la moindre

» prétention. Tu l'aimes, mon » cher, j'en ſuis très-convaincu; » j'avois beſoin d'une preuve, » & ta jalouſie m'en fournit une » qui n'eſt pas équivoque. Je » t'avoûrai en même tems que » l'air indifférent de l'amant, a » fait diſparoître les ſcrupules » de l'ami; & j'aurois été moins » entreprenant avec elle, ſi tu » avois été plus ſincére avec » moi. C'eſt ta faute; & ce ſeroit » à préſent la mienne, ſi j'allois » plus avant. Je ſerois preſque tenté de t'en vouloir, pour m'avoir » mis dans le cas de te déplaire. Je » puis te proteſter que, quelques avances qu'elle me faſſe » à l'avenir, je te ſacrifierai ſi » tu l'éxiges, juſqu'aux ſimples » devoirs de la politeſſe.

» Au reſte, quand je parle de » certaines avances, j'entends de » ces converſations animées, de » ces propos un peu vifs, de ces

» équivoques un peu fortes que » la bienséance ne gaze qu'au » profit des desirs. Tu m'avoue- » ras que tout cela partant d'une » belle bouche, & suivi de » ces regards brillans qui font » passer tout jusqu'au fonds de » notre ame, échauffe furieu- » sement, porte même à la tête, » nous éloigne de tous les ob- » jets pour nous rapprocher d'un » seul.... Mais enfin je ne trou- » ve rien de si inconséquent que » la conduite de ces femmes qui » nous mettent dans le cas de » leur manquer; qui semblent » même le desirer, en faisant » tout ce qu'il faut pour nous » empêcher de réfléchir à ce » que nous leur devons, & qui » se fâchent lorsqu'on remplit » leurs vuës. Cela est du dernier » pitoyable. C'est un homme » qu'on enyvre de gaîté de cœur

» pour lui demander enſuite
» compte de ce qu'il a fait dans
» ſes momens d'yvreſſe. Tu con-
» viendras avec moi qu'on auroit
» fort mauvaiſe grace de lui fai-
» re ſon procès. Je te connois
» aſſez pénétrant pour ſaiſir une
» comparaiſon qui doit te rendte
» à l'amitié. En tout cas ma con-
» duite te fera voir que je ſçais
» reſpecter ce ſentiment juſques
» dans les choſes le plus frivo-
» les.

Ce diſcours dont Dureal ſentit toute la force, m'éclaira ſur mon imprudence. Le Chevalier s'apperçut de mon embarras, il voulut me mettre un peu plus à mon aiſe en louant beaucoup ma fidélité, & *l'eſſentiel* de mon attachement; ſes yeux cherchoient les miens, & ſi par hazard ils ſe rencontroient, c'étoit pour démentir la promeſſe qu'il venoit de faire à ſon ami. Il avoit décidemment du goût pour moi, & je l'avois rebuté. Il étoit jaloux du bonheur chimérique de Dureal ; & j'affectois un air indifférent qui redoubloit ſa tendreſſe & mon impertinence.

La confidence de nos peines en diminuë l'amertume. Dureal crut devoir me faire part des ſiennes, & du ſujet des imprécations qu'il faiſoit de tems en tems contre notre Séxe. Il me raconta qu'étant paſſé devant la maiſon où demeuroient les parens de la Bazin, il y avoit entendu de la ſymphonie, & un certain mouvement qui annonçoit une fête ; que s'étant gliſſé ſans être apperçu, juſques dans la ſalle où tout le monde étoit aſſemblé, il avoit vû ſa chère Bazin avec une couronne nuptiale ſur la tête, ouvrant le bal avec un gros Benêt qui avoit la figure d'un nouveau Marié. Frappé d'étonnement il s'écria, Ciel, que vois-je ! & il s'évanouit en même tems. Ne valoit-il pas autant qu'il ne dit rien. La Bazin qui l'entrevit, s'évanouit de son côté. Il sembloit qu'ils se fussent donnés le mot pour se trouver mal.

L'époux fier de son bonheur, suivoit toujours gravement la mesure de son menuet, sans s'appercevoir que sa Figurante faisoit une triste figure. Sa gravité ne fut déconcertée que par une allarme générale. Le désordre se mit dans la fête ; on étoit occupé à donner du secours à l'un & à l'autre ; le nouveau Marié se fâcha très-sérieusement de cette avanture. Il vouloit immoler à l'amour conjugal ce téméraire qui venoit troubler ses plaisirs ; ses parens aussi piqués que lui, prononçoient sur son sort, lorsque les Symphonistes moins intéressés, & par conséquent plus compatissans, se déclarérent hautement en faveur de Dureal. La dispute s'anima tellement, qu'on en vint aux mains. Les uns firent voler à tort à travers de grands coups de canne, les autres avec leurs instrumens les paroient, & les rendoient en même tems. Ils éteignirent les lumières, & les gens de la nôce échauffés de haine & de vin, s'entre-battoient encore, tandis que Dureal étoit chez un de ses amis, où les Musiciens l'avoient accompagné. Il récompensa leur complaisance, & paya les instrumens qu'ils avoient mis en mille piéces, pour s'en être fait en sa faveur des armes offensives & défensives.

Il avoit choisi pour sa retraite,

la maiſon de Luberty, cet ami à qui il avoit écrit ſi ſouvent, ſans jamais recevoir de ſes nouvelles. Les parens de Dureal avoient eu la facilité d'intercepter les lettres; ils voyoient clairement qu'il tenoit toujours à la Bazin; qu'il n'avoit point de goût pour moi; & que mon enlévement n'étoit qu'une mépriſe.

Il ne s'agiſſoit donc que de le diſtraire de cette paſſion; pour cet effet ils avoient perſuadé à cette fille que ſon amant l'avoit abandonnée; qu'il m'avoit enlevée de deſſein prémédité; & qu'il falloit néceſſairement lui être infidelle. Nous n'avons guères beſoin de pareilles reſſources; il falloit laiſſer aller les choſes le cours ordinaire; & lorſqu'il s'agit d'une infidélité, le temps & l'occaſion peuvent en garantir le ſuccès.

On ſaiſit adroitement le moment du dépit de la Bazin, pour lui propoſer la main d'un jeune homme à qui l'on faiſoit donner un emploi, & qui ſe chargeoit de faire une diverſion en l'épouſant. On bruſqua les préparatifs de ce mariage, & deux mois après, l'époux fut plus bruſqué que les préparatifs même.

La bonne conduite eſt un effet du jugement ; mais il y a des poſitions & des momens où l'on ne peut rien arracher de ſa raiſon. Dureal ſe trouvoit dans cet état. Luberty lui conſeilla de ſe rapprocher de ſes parens ; l'occaſion étoit favorable, mais elle ne lui paroiſſoit qu'humiliante. Plein de ſon amour & de ſon déſeſpoir, il ne voyoit que l'infidélité de ſa maîtreſſe ; le regret d'en avoir été la dupe ; & la perſécution de ſes parens dont il ne vouloit pas pénétrer les motifs. Enfin il confondoit les mouvemens de ſa tendreſſe avec ceux de ſon amour-propre ; il croyoit ſe venger de l'un, lorſqu'il n'étoit que la dupe de l'autre.

Ses parens qui avoient été informés de l'aventure de la nôce, le faiſoient chercher partout ; il s'y attendoit. On ne manqua pas d'aller chez Luberty qui aſſura, qu'après cette belle expédition, il avoit repris tout de ſuite le chemin d'Avignon ; on le crut ; la choſe étoit vraiſemblable ; & l'on ne pouſſa pas plus loin les recherches ; ce qui lui donna la liberté de revenir, ſans courir aucun riſque, malgré les vives inſtances de ſon ami qui vouloit le retenir dans cette Ville, pour le rendre à ſa famille ou plutôt à lui même.

Dureal m'avoit beaucoup vanté le mérite & la fidélité de la Bazin ; il étoit honteux de la rapidité de ſon inconſtance. Il l'auroit peut-être imitée, s'il n'avoit d'abord débuté avec moi par des principes romaneſques qu'il vouloit ſoutenir, plutôt par opiniâtreté, que par goût. Il crut me donner meilleure opinion de lui, en mettant une eſpéce de gradation dans ſon changement. Je voyois qu'il étoit la dupe de ce petit manége des ames foibles & timides qui n'attendent que des prétextes pour être vicieuſes ; ou qui le ſont d'un air ſi embarraſſé, qu'on ſeroit preſque tenté de leur en tenir compte.

Revenons au Chevalier qui n'avoit point perdu de vuë la tendreſſe qu'il avoit pour moi. Il étoit jaloux de Dureal ; & celui-ci lui donna enfin raiſon de l'être ; l'habitude de nous voir, l'intérêt que nous prenions mutuellement à notre ſituation, le deſir de vengeance, tout le détermina à s'attacher à moi. Il avoua ſon inclination naiſſante au Chevalier qui l'exhortoit d'un air entiérement détaché, à ſuivre les mouvemens de ſon cœur. ſa complaiſance pour cette nouvelle foibleſſe, lui donna un certain crédit ſur ſon eſprit. Ces ſortes de reſſources ſont à préſent à la mode, & le plus grand mérite n'eſt rien auprès d'elles.

Le Chevalier quoique l'homme du monde le plus étourdi, avoit l'art de diſſimuler ſa jalouſie : il s'informoit exactement de tous les progrès que je faiſois dans le cœur de Dureal ; ils ſortoient enſemble pour ſe faire de petites confidences. Il vit enfin que nous nous aimions ; cette découverte lui fit concevoir un indigne projet dont il ménagea l'exécution avec une adreſſe infinie.

Il étoit ſecrettement en relation avec les parens de Duréal, il leur avoit perſuadé qu'il n'avoit perdu de vuë la Bazin que pour ſe marier avec moi. Cette nouvelle les allarma d'autant plus, qu'il avoit eu la même fantaiſie pour la Bazin. Sous l'apparence de l'amitié la plus tendre, il leur promit d'y donner ordre. Ils s'y prêtérent, & il fut aſſez lâche pour le trahir.

Dureal avoit un goût décidé pour la chaſſe ; il ne cherchoit que l'occaſion de prendre ce plaiſir ; le Chevalier lui en propoſa une partie ; ils convinrent enſemble du jour. S'étant trouvé un peu indiſpoſé, ſon ami lui perſuada que le mouvement & le changement d'air lui feroient du bien. Il ſe rendit à ſes empreſſemens. Ils partirent de grand matin, parce que le canton où ils devoient chaſſer, étoit très-éloigné de la Ville.

Sur les deux heures après midi on m'annonça un homme qui venoit d'Aix pour porter à Dureal une Lettre de la derniere conſéquence. J'ordonnai qu'on le fît entrer. Mais quelle fut ma ſurpriſe lorſque je vis ce Pouſſin dont la femme avoit ébauché de mon éducation. Je me crus perduë ſans reſſource ; je me jettai à ſes genoux, & je commençois à implorer ſa clémence ; lorſque partageant mon étonnement il me releva, & me raſſura pour me jetter dans un nouveau trouble encore plus grand, car il n'y en a point comme celui de trembler pour ce qu'on aime.

Vous n'êtes point l'objet de mon voyage, me dit-il, d'un air extrêmement embarrassé ; nous ignorions votre sort depuis votre évasion. Votre ingratitude à notre égard, le peu de respect que vous avez eu pour vous-même, vous avoient entiérement effacée de notre souvenir ; & notre indifférence devoit assez vous faire sentir combien vous étiez coupable. Une affaire plus importante m'améne ici. Je suis chargé d'une Lettre dont je sçais à-peu-près le contenu ; je vous conseille de la décacheter, & M. Dureal ne sçauroit le trouver mauvais ; elle est de M. Luberty son ami qui m'a recommandé de faire une extrême diligence, parce que le tems presse. Il s'agit d'éviter une surprise de la part des parens de M. Dureal qui veulent absolument le faire enlever dans une partie de chasse, qu'on doit ménager à cet effet.

A ces mots je ne fis aucune difficulté d'ouvrir cette Lettre, & je lus... *Gardez-vous bien d'accepter la partie de chasse qu'on doit vous proposer*... O Ciel! il y est actuellement, m'écriai-je pâle & tremblante! *c'est un piége qu'on vous tend pour vous livrer à vos parens qui veulent absolument vous arracher d'Avignon, & pouvoir disposer de votre personne au gré de leurs desirs, ou plutôt de leur prudence. Ils croyent par-là s'opposer aux progrès d'une passion naissante que vous avez eu soin de me cacher*... ç'en est fait. Il est perdu sans ressource; je ne le verrai plus. Que vais-je devenir! & que deviendra-t-il lui-même!... *Je fais partir cet Exprès pour vous en donner avis. Je n'ai pas le tems de vous marquer comment j'ai fait cette découverte; mais n'en paroissez pas instruit, si vous voulez que je vous fasse part de tout ce qui se passera...*

LUBERTY.

P. S. *Au reste comme il pourroit bien se faire que je fusse mal informé, n'ayez aucune affaire désagréable avec une personne qui peut-être n'est point coupable; mais je n'ai pû refuser cette précaution à mon amitié.*

Cet avis n'est que trop vrai, dis-je à Poussin, il est à la chasse avec un perfide qu'il croit de ses amis. Ce malheureux aura suivi les mouvemens de sa jalousie; mon cher Dureal est trahi par ce monstre, ou s'il ne l'est pas, il faut qu'il en tire vengeance: dans l'un ou l'autre cas, sa vie court un danger affreux; car enfin il ne poura résister à la douleur de se voir toujours cruellement persécuté par ses parens. Comment ferons-nous, mon cher M. Poussin ! Quel parti prendre pour parer ce coup !

Apprenez-moi, Mademoiselle, me dit-il, en se saisissant de l'épée de Dureal, de quel côté ils sont allés, je ne les ai point rencontrés dans mon chemin ; je n'ai pas encore oublié à remuer cela, ajouta t-il, en montrant l'épée. Ne perdons point de tems. Je leur avois entendu dire qu'ils descendroient le long du Rhône jusqu'à un moulin... Cela suffit, reprit-il vivement, vous aurez bientôt de mes nouvelles ; en tout cas je vous ramenerai avec moi, car je vous crois plus étourdie, que coupable ; & si vous avez quelque chose à vous reprocher, nous n'y regarderons pas de si près. Soyez moins

moins inquiet de ma conduite, lui dis-je, en le preſſant de partir, il ne me ſera pas difficile de la juſtifier. Songez ſeulement au ſervice que vous voulez nous rendre ; vous reconnoîtrez très-aiſément ces chaſſeurs : je les lui dépeignis auſſi bien que le chien qu'ils avoient amené avec eux. Hélas, continuai-je, mon cher M. Pouſſin, ne perdez pas un inſtant, prévenez le ſort qui nous menace ; ma vie en dépend, & je vous aurai cent fois plus d'obligation, que des ſoins que vous avez pris de mon enfance.

Pouſſin étoit l'homme du monde le plus courageux, & qui réfléchiſſoit le moins. Frappé de la noirceur du Chevalier, attendri par mes larmes, il partagea ma haine & ma douleur. Il ſortit auſſi furieux, que ſi l'affaire lui étoit perſonnelle. Je ne ceſſai de lui recommander de secourir Dureal, ou tout au moins de le venger. Si l'on ne doit jamais se mettre en mer pendant l'orage, il est aussi dangereux de donner des conseils dans les premiers mouvemens de passion.

A peine j'avois eu le tems d'envisager l'horreur de ma situation, que Poussin étoit de retour. Il me dit en entrant comme un furieux, que Dureal avoit été sacrifié ; qu'il venoit de le venger ; & qu'il alloit dans le Palais du Vice-Légat, se mettre à l'abri des recherches de la justice.

Je m'évanouis à ce récit. Revenuë à moi, j'entends un grand bruit dans la ruë ; je crois que Poussin est arrêté ; je descends, & je vois sur un brancard Dureal qui nageoit dans ſon ſang. A ce ſpectacle affreux je tombai pour la ſeconde fois ſans connoiſſance. * Il faut convenir que dans ces premiers momens, nous ſommes d'un grand ſecours.

Sa bleſſure étoit plus effrayante, que dangereuſe. Il fut ſecouru à propos, & par une main habile. auſſitôt qu'il put parler, il m'aprit que le Chevalier avoit été enlevé par des gens bien armés; & que lui-même en revenant, avoit été aſſaſſiné par un ſcélérat... A ces mots je l'interrompis pour lui rendre compte de ce qui s'étoit paſſé ; il lut la lettre de Lubetty ; pendant ce temps-là Pouſſin que j'avois envoyé chercher, arriva, il lui dit qu'il étoit dé-

* Pour ſe perſuader la vérité de ces évanouiſſemens, il faut lire le beau Traité des Paſſions par *La Chambre* ou par *Deſcartes*.

sespéré de sa méprise, qu'il alloit le secourir, ou le venger ; que le chien que je lui avois dépeint, avoit causé l'erreur ; qu'il cherchoit un scélérat dont il vouloit défaire la société, & que malheureusement il s'étoit adressé au plus galant homme qu'on pût connoître.

Dureal pénétré du service que Poussin vouloit lui rendre, l'en remercia, & le chargea de retourner à Aix pour annoncer son accident à Luberty, & pour s'informer en même tems du sort du Chevalier. Nous apprimes ensuite que ceux qui avoient été chargés de cette expédition, s'étant apperçus de leur méprise lui avoient donné la liberté ; mais il ne reparut pas dans Avignon. Un homme assez lâche pour trahir son ami, n'a guère la force de ſoutenir ſes reproches, ou plutôt ſa haine.

Les parens du Chevalier qui ſçavoient qu'il étoit allé avec Dureal à la chaſſe, & qui étoient informés de ce meurtre, furent extrêmement allarmés, en ne le voyant point revenir. On leur raconta comment l'affaire s'étoit paſſée; ils en trouverent les circonſtances ſi cruelles, qu'ils ne pouvoient concevoir comment le Chevalier avoit été aſſez infâme pour livrer ſon ami. Ils paſſerent cinq à ſix jours à délibérer ſur le parti qu'ils devoient prendre pour pallier ſa conduite. Le Chirurgien qui délibéroit moins qu'eux, avoit un ſoin infini du Bleſſé qui alloit de mieux en mieux, comme l'honneur du Chevalier de mal en pis. Celui-ci avoit paru ſi fat & ſi impertinent, qu'on étoit charmé de pouvoir lui imputer quelques bonnes noirceurs. D'un autre côté ſes parens publioient partout que j'avois eu pour lui des complaiſances dont Dureal avoit été extrêmement jaloux ; & que s'étant rencontrés hors de la Ville, les propos s'étoient échauffés, ils avoient mis l'épée à la main ; & que Dureal ayant été dangereuſement bleſſé, le Chevalier avoit pris la fuite.

On laiſſoit à part l'épiſode de Pouſſin, qui ne faiſoit rien à cette fable ; elle parut vraiſemblable, & il n'en fallut pas davantage pour la perſuader.

Pour donner plus de poids à cette calomnie, on engagea le Magiſtrat chargé de la police d'interpoſer ſon autorité pour me punir. En conſéquence, il m'ordonna de ſortir de la Ville dans vingt-quatre heures.

Sans rendre compte à Dureal de ce qui se passoit, j'allai tout de suite chez ce Magistrat pour me plaindre de son injustice. Son début fut des plus rebutans ; cependant il m'écouta, & me répondit, sans daigner me regarder ; après il me regarda beaucoup, sans me répondre. Peu-à-peu il dérida le front, il s'approcha, me prit la main, comme par distraction ; il convint alors que j'avois moins de tort, qu'on le lui avoit fait entendre ; plus il me la serroit, plus il me rendoit justice. Il étoit charmé d'être dans le cas de m'obliger, & cela dépendoit absolument de lui. Il me trouvoit extrêmement formée pour mon âge ; il louoit ma figure, mon esprit & ma décence. Il étoit dommage, disoit-il, que je fusse obligée de quitter la Ville pour une affaire où je n'avois aucune part; il me plaignoit, il m'offroit sa protection; il m'assuroit que je n'avois rien à craindre; qu'il se chargeroit lui-même de me justifier auprès de ceux qui étoient prévenus contre moi.

Qu'il y a de mauvais esprits dans cette Ville, ajoutoit-il, convenez-en, Mademoiselle, peut-on imputer quelque noirceur à de si beaux yeux? mais en vérité ces gens-là ne s'y connoissent pas; car enfin vous êtes charmante, & il n'est pas possible que le cœur ne réponde à cette heureuse physionomie. Quand je dis charmante, ce n'est pas trop; ce petit pied... cette jambe fine... Comme il baissoit un dos cintré, & qui sembloit ne l'être qu'à force de pareilles curiosités, je lui dis en reculant, que ma jambe étoit extrêmement mal, & que je le priois très-instamment de ne pas prendre tant de peine... Qu'appellez-vous une peine, reprit-il, avec une voix entrecoupée? Que je suis fâché que cette affaire ne soit pas plutôt arrivée! J'aurois eu occasion de devancer le moment de notre connoissance; j'en ai un véritable regret; ce n'est pas absolument ma faute; je n'ai pas le don de deviner; je ne suis rien moins que Sorcier. *Mais* je me flatte que vous accorderez à mon cœur des dommages-intérêts proportionnés au tort que vous allez faire au repos de ma vie; *car* je sens que je ne sçaurois plus vivre sans vous. *Oui*, vous devenez absolument nécessaire à l'intérêt que je puis prendre à mon existence; j'espére que vous daignerez y faire droit, & *ferez bien*. Hélas! je ſoupire, & tous mes ſoupirs ſont acquis & confiſqués à votre profit.

Après mille autres propos auſſi ſoutenus, il voulut me faire acheter cette grace; je ne fus pas d'humeur de conclure le moindre marché; je n'avois pas l'eſprit tourné à ce petit commerce; & je fus auſſi opiniâtre à refuſer, * qu'il fut conſtant à demander.

Voyant que j'étois inſenſible aux offres brillantes de ſa caducité & de ſa protection, il joua mon rôle; il ſe fâcha très-ſérieuſement, & il voulut que l'ordre qu'il avoit donné fût exécuté. Cependant vous en avez

* Suivant un Auteur Moderne, l'opiniâtreté eſt une oppoſition au ſentiment des autres; elle vient de l'humeur; & quelquefois du deſir de montrer de l'eſprit. La Rochefoucault dit auſſi qu'on ne ſe ſoucie pas tant d'avoir raiſon, que de montrer qu'on en a.

reconnu, lui dis-je, toute l'injustice; vous venez d'en convenir; vous avez fait plus, vous vous êtes reproché le chagrin que vous pouviez m'avoir causé.... J'avois mes raisons, reprit-il brusquement, pour vous tenir ce langage; comme à présent j'en ai d'autres pour vous éloigner. Vous croirez peut-être qu'il entre de l'humeur & du dépit dans ce que je fais; point du tout; mais si j'en agissois autrement, je me brouillerois avec la famille du Chevalier qui est puissante dans ce Pays. Votre douleur m'avoit fait glisser trop légérement sur cette considération. J'évite autant qu'il m'est possible d'avoir des ennemis, ou du moins si j'en ai, je veux les mériter; cela soulage; il faut que les raisons de les avoir nous en dédommagent. Pour vous faire voir que je ſçais penſer noblement, je vous donne trois jours pour vous déterminer à ce que je vous propoſe. N'attendez pas d'autre grace; je ne ſçaurois dans la circonſtance préſente mieux faire pour votre ſervice. Quoique je ne ſois pas de la premiere jeuneſſe, vous auriez pû m'épargner le déſagrément d'un refus auſſi humiliant. Vous ignorez peut-être le ménagement qu'on doit avoir pour les gens en place; s'ils ne peuvent pas ſervir, ils ſont du moins en état de nuire beaucoup. Souvenez-vous-en, je vous laiſſe avec cette réfléxion. En même tems il me fit ſortir par un eſcalier dérobé, afin qu'on ne s'apperçût pas du déſordre de ſes mœurs par celui de ma parure. Il faiſoit attendre pour donner audience, beaucoup d'honnêtes gen qui le croyoient très-sérieusement occupé. En effet il l'étoit un peu : il alloit & venoit, s'agitoit, se tourmentoit. Il y a de ces momens où les gens en place n'y tiennent guères.

De retour chez moi je voulus cacher à Dureal l'embarras où j'étois ; mais cela ne dura pas. Peu-à-peu il oublioit les griefs de la Bazin, ou plutôt ceux qu'il avoit contre mon Séxe avec lequel mes attentions le réconcilioient ; je voyois qu'il étoit sensible à tout ce que je faisois pour lui ; ce plaisir n'étoit pas pur. Je craignois à chaque instant que la mauvaise humeur du Magistrat ne devançât le tems qu'il m'avoit donné. Dureal s'étant apperçu de mon inquiétude, voulut absolument en sçavoir le sujet, je lui fis une demi confidence ; il comprit que je lui cachois quelques petits détails; il m'arracha jusqu'à la moindre particularité ; je remplis si bien ses desirs , que je lui en fis naître de violens ; ses yeux s'enflammoient à la moindre familiarité du Magistrat , & condamnant sa témérité , il devenoit lui-même plus téméraire. Comprenez-vous bien , disoit-il , combien ses maniéres étoient outrageantes ? Eh pour qui vous prend-t-il ! ma chere Rozen (il est bien tems qu'on sache mon nom) je frémis encore du danger que vous avez couru. Que vous avez été heureuse d'avoir résisté à sa pétulance ! Vous ne sauriez croire combien je m'en félicite. La haine que je sens contre ce téméraire , vous instruit assez du secret de mon cœur ; je n'ai jusqu'à présent osé faire éclater la tendresse que vous m'avez fait naître ; elle se cachoit sous le voile de l'estime & de la reconnoissance ; je craignois qu'elle n'eût un air de dépit, & je voulois vous prouver qu'elle étoit l'effet des sentimens que vous inspirerez toujours.

Il y a des hommes si hardis.... si entreprenans... S'il vous eût respecté comme moi, en disant tout cela, il n'étoit rien moins que respectueux. Occupée de ma situation, je ne prenois pas garde à la sienne, ce qui commençoit à devenir très-avantageux pour lui. Ses yeux étoient pleins de feu ; il mettoit dans ses discours une chaleur d'intérêt qui auroit ému l'ame la plus insensible.

Que je suis heureux, ajouta-t-il, en me serrant tendrement la main ? que le hazard m'a bien ſervi ! Vous allez me tenir lieu de tout ; vous rempliſſez mon ame; ſans vous rien ne ſçauroit lui ſuffire. . . qu'il y a des hommes impertinens! j'en reviens toujours à ce qui vous eſt arrivé. S'il vous avoit déja vûe ; s'il avoit eu le tems de vous connoître comme moi. . . Mais non , alors il auroit imité mon reſpect, & il ne ſe ſeroit pas mis dans le cas de vous déplaire. Hélas je ſçais combien nous ſommes entreprenans, & combien ceux qui ont une certaine autorité, ſont injuſtes dans ces momens même où l'on reclame leur juſtice. Ils abuſent de leur pouvoir , ils oublient la dignité de leur place ; cet oubli s'étend juſqu'à ceux qui leur ſont ſubordonnés , & le moindre Secrétaire à l'ombre d'une maigre protection, oſe avoir des prétentions , devient le rival de ſon Maître , partage ſes plaiſirs, quelquefois le ſupplante, ou plutôt lui renvoye ſon inconſtance & ſes dégoûts.

Vous ne nous connoiſſez pas encore, ma chère Rozen; ſans vouloir en tirer le moindre avantage, vous en trouverez peu dont l'attachement ſoit auſſi ſolide que le mien; ils ne vous rendront pas la même juſtice; peut-être chercheront-ils plus à vous plaire; mais ils ne vous aimeront jamais autant que moi. Oui, toute mon ame ſe confond dans la vôtre; je m'égare, je me perds dans l'immenſité de ma tendreſſe. Que n'ai-je plutôt eſſuyé ces larmes précieuſes que j'ai eu la conſolation de vous voir répandre ſur mon danger! Toute ma reconnoiſſance ne ſuffit pas à tant de bontés. *

* Ici Dureal paroît un peu fat; mais il y a des momens où l'on ne ſçait ce qu'on dit, pour être trop occupé de ce qu'on veut faire.

Comme je voyois qu'il prenoit un chemin qui méne toujours au-delà de cette reconnoissance, Ah, Dureal ! Dureal ! qu'allez-vous faire ! m'écriai-je, les yeux à demi mourans ; il ne me répondit rien ; il se contenta de me regarder tendrement ; & de mon côté, je détournai la vüe. Un moment après je lui dis foiblement, hélas que faites-vous? Il soupira, & se tut ; j'imitai son silence... O ciel ! qu'avez-vous fait? Pardonnez-moi, me répondit il, en me serrant les mains qu'il arrosoit de larmes de plaisir ; l'excès de mon amour m'a entiérement égaré ; vous allez me haïr ; je n'ose plus lever les yeux sur vous..... Sa confusion n'étoit rien en comparaison de la mienne ; il pouvoit croire que le Chevalier avoit été plus téméraire, que je ne l'avois fait entendre, ou que pour ne pas m'éloigner de lui, j'avois laiſſé aller trop loin le Magiſtrat; l'un ou l'autre cas m'auroit donné un air de mauvaiſe foi dont je ne voulois pas qu'il me ſoupçonnât : je cherchois à le mettre ſur la voye d'un éclairciſſement, lorſqu'il me dit d'un ton gravé, convenez que la Sœur Lacroix étoit une indigne créature.... Je vous entends, mon cher Dureal, lui repliquai-je; vous allez me trouver bien coupable, & je ſens que j'ai perdu votre eſtime. Eh pourquoi! reprit-il, je ne ſuis pas aſſez injuſte pour faire retomber ſur vous la noirceur de ſa conduite. Luberty m'a inſtruit de tout, & je comprends que vous avez eu le malheur d'être du nombre de ces innocentes victimes qu'elle a ſacrifiées à la dépravation de ſes mœurs.

Il voulut absolument sçavoir le moindre détail de tout ce qui s'étoit passé au Couvent. Je le crus d'autant plus nécessaire, que je voulois mériter sa confiance. Ensuite comme il sçavoit très-bien vivre, il me remercia très-poliment de n'avoir rien déguisé pour éluder sa pénétration, & pour gêner ses plaisirs. On trouve quelquefois de ces heureux caractères qui sçavent tirer parti de tout. Cependant il ménagea beaucoup les mouvemens de sa reconnoissance, il sentoit que trop d'empressement, ou de nouveaux efforts dans sa convalescence, pourroient lui donner un air d'ingratitude.

Se trouvant en état de voyager, il aima mieux quitter Avignon, que de m'exposer à être insultée une seconde fois. Il avoit un respect infini pour ma personne, depuis qu'il m'en avoit manqué ; & ce fut l'époque de son amour, & de ses considérations.

Nous allâmes à petites journées à Lyon, où nous eûmes la précaution de nous tenir cachés. Nous passions le tems à nous jurer une tendresse éternelle ; c'étoit le fonds de nos occupations, & les accessoires y étoient relatifs.

Au bout de six mois, nous trouvant un peu embarrassés, j'écrivis à Poussin pour y donner ordre, il me demanda une quittance générale, m'assurant qu'il me feroit passer ce qu'il avoit reçû. Je n'avois pas de titre contre lui; je me pressai de la lui envoyer, & je n'en entendis plus parler ; ce qui prouve qu'on peut être très-brave, & en même temps très-fripon. Devois-je me défier d'un homme qui avoit exposé sa vie pour mon amant ! On voit tous les jours de ces personnes qui se payent par leurs mains des services qu'ils rendent, & qui ne sont honnêtes gens, que jusqu'à la premiere occasion de cesser de l'être.

Dans ces circonstances, un oncle de Dureal qui étoit bien parent par la haine qu'il avoit contre lui, fut attaqué d'une apopléxie qui l'expédia tout de suite. Il faut de ces grands coups pour rapprocher les familles. En mourant il lui laissoit une riche succession que Dureal fut obligé d'aller recueillir lui-même. Cet oncle étoit le plus méchant de tous ses parens, il n'avoit rien à craindre des autres : d'ailleurs cette nouvelle fortune augmentoit beaucoup la considération qu'il devoit avoir dans sa famille. Il me promit en partant de rester aussi peu que ses affaires le lui permettroient, & de m'envoyer en attendant les secours nécessaires ; il remplit fort mal cet engagement, & il oublia l'autre entiérement.

Pour dissiper l'ennui de son absence, je me liai avec un jeune personne du voisinage que je connoissois sous le nom de Lolotte. Elle avoit l'air honnêtte, la figure assez bien ; sa jeunesse la faisoit passer pour jolie. Elle vivoit avec une vieille tante qui lui laissoit une entiére liberté : elle en profitoit avec une œconomie admirable pour sa réputation. Après s'être assurée de mon caractére par de petites confidences qui ne tiroient pas absolument à conséquence, & que les jeunes personnes se font assez naturellement, elle me propoſa d'aller voir une de ſe amies qui étoit à ſa maiſon de campagne aux environs de l Ville. Mais quelle fut ma ſur priſe, lorſque je n'y trouvai que deux hommes, qui firent le honneurs de notre arrivée ave un air ſi aiſé qu'il étoit difficil de s'y méprendre.

Je priai Lolotte de me préſen ter à la Maîtreſſe de la maiſon ajoutant que ſans cela je m'e retournerois tout de ſuite. Ell me répondit en ſouriant maligne ment, que la Dame du Logi étoit un peu indiſpoſée, & que ces deux Meſſieurs qui ſe por toient fort bien, feroient les hon neurs de notre viſite. Comme je témoignai quelque défiance on m'aſſura que j'avois tort d'a voir la moindre inquiétude, & que je verrois bientôt paroître des perſonnes aſſez reſpectables pour

pour me tranquiliſer. Quelque tems après nous vîmes arriver un caroſſe, & l'un de ceux qui étoit avec nous, ſe détacha pour aller parler aux perſonnes qui étoient dans cette voiture ; enſuite il nous annonça un Magiſtrat de la Ville avec ſon épouſe ; tout cela ne m'en impoſa point. L'air de ſatisfaction, leurs regards, & leurs diſcours m'empêcherent de prendre le change. Ils épuiſérent dans le moment le dictionnaire de l'Opéra, & les époux n'en ont jamais connu la premiére page. Je vis clairement ce qu'il en étoit ; on ne ſçauroit s'y tromper pour peu qu'on ait l'uſage du Monde. Les époux ont une phyſionomie frappante ; une tournure qui n'appartient qu'à eux, & qui les diſtingue d'abord : c'est un étranger qui par le pour la premiére fois notre langue.

Malgré ma pénétration que je crus devoir faire sentir, je ne parlai plus de me retirer, & cela autant par complaisance, que pour ne point paroître une Bégueule décidée. L'amour-propre a toujours de ces coups de réfléxion qui ne qui contribuent aux plaisirs de la Société.

Avant le souper, on cherchoit à *s'arranger :* Lolotte agaçoit furieusement une personne qui avoit d'abord tourné ses égards de mon côté. Elle s'apperçut que ses avances étoient en pure perte ; & sans faire semblant de rien, elle se lia avec l'autre.

Il y avoit dans le fonds du jardin un Bosquet délicieux en forme de labyrinthe. Chacun se distribuoit dans les endroits lplus reculés. Je ne voulois point m'éloigner de Lolotte ; mais elle de ſon côté faiſoit tout ce qu'elle pouvoit, pour me perdre de vuë; plus adroite que moi, & connoiſſant mieux le terrain, elle y réuſſit. Les prétendus époux avoient pris leur parti ; leur arrangement *tenoit*. Je me trouvai donc tête-à-tête avec un homme, que je ne connoiſſois pas. Nous étions dans un cabinet de verdure ; j'avois preſſenti cette ſituation, car le libertinage a ſouvent de petits allentours qui décélent ſes vuës.

Malgré les égards & les politeſſes de celui qui étoit avec moi, je m'échappai pour aller joindre mon amie. Elle me parut ſi occupée, que je ne fus pas tentée d'en approcher ; & je vis clairement qu'il falloit auſſi peu compter ſur ces phyſionomies qui affichent la décence, que sur ces airs évaporés qui semblent défier tout ce qui se présente.

M. Messin (c'est le nom du Cavalier qui étoit avec moi) crut de la meilleure foi du monde, que ce tableau auroit échauffé mon imagination, & qu'il étoit aisé d'en faire le pendant, il partit de-là. Mais comme je n'ai jamais aimé d'être copie, je me donnai un air d'original, & je résistai. J'allai me promener dans le par terre, où je pensai que je serois plus en sureté. Il me sçut gré de ce trait de prudence. Voyant son étonnement de ce que je me trouvois à cette partie, avec si peu de disposition à profiter du privilége du lieu, je lui rendis compte de la surprise que Lolote avoit mise en usage pour m'y attirer. Je ne m'arrétai pas à cet éclaircissement, je lui fis part de la méprise qui avoit occasionné mon enlévement, & de mon intrigue avec Dureal, dont il m'avoit paru déja instruit. Je ne remontai pas plus loin, pour fixer l'époque de mes étourderies. * Il y en avoit plus qu'il n'en falloit, pour bâtir le Roman de ma vie.

A l'heure du souper, tout le monde se rendit dans le salon. Pendant le repas, je fus l'objet de toutes les railleries, & le plastron de la société ; on me traitoit déja comme une Bégueule où il n'y avoit pas même assez d'étoffe pour faire une honnête femme. Je me défendis assez bien pendant quelque tems; mais la partie étant inégale, parceque je n'avois que de bonnes raisons, je

* Il faut autant de modestie pour taire ses elles actions, qu'il faut de courage pour les xécuter. *Tac.*

me mis à pleurer comme un enfant, & de dépit je me levai de de table. M. Meſſin après avoi fait quelques reproches à la compagnie de ce qu'elle avoi pouſſé les choſes ſi loin, vin me chercher dans le jardin, & m'engagea à rentrer dans le ſalon. Dès ce moment, on ne ſongea plus qu'à étourdir ma raiſon à force de vins étrangers Lolotte vouloit, à quelque pri que ce fût, m'intéreſſer au ſecre de ſon libertinage, en me faiſan ſuivre ſon exemple. Elle exhortoit beaucoup M. Meſſin à me faire boire. Il lui fit ſentir très-poliment qu'il ſeroit fâché de devoir à de pareils excès la moindre complaiſance; que ces reſſources n'étoient point faite pour lui; & qu'au contraire m'exhorteroit à me ménager.

Ce trait de probité ne prit pa

dans l'eſprit de la ſociété ; il fut perſifflé tout le reſte du tems ; & comme il falloit néceſſairement une victime, je ceſſai de l'être ; & il le devint. Toutes ces différentes ſorties rendirent le plaiſir de la table moins vif. Il ne ſçauroit être bien goûté, qu'autant qu'il eſt général. Cependant on avoit réſolu de s'amuſer beaucoup dans cette partie ; mais ordinairement ces grands projets de gayeté ne réuſſiſſent pas; & les plaiſirs *impromptu* ſont les plus vrais, & les plus ſenſibles.

A deux heures après minuit voyant que les autres un peu plus occupés que nous, ne penſoient pas à s'en retourner, M. Meſſin me propoſa de me remener dans ſa voiture. Dans le chemin il voulut ſçavoir l'état de mes affaires. Je mis dans ce récit un intérêt que la ſituation fait toujours mieux ſentir. Il avoit le cœur bon, & le coup porta. Il m'offrit généreuſement, & ſans la moindre prétention, d'y donner ordre. En me *jettant* chez moi, il me demanda la permiſſion de venir me voir le lendemain; mais il n'en profita pas ſitôt; il ſe contenta de m'envoyer dans un petit néceſſaire deux cens louis pour me meubler honnêtement. Il me marqua en même-tems que ſi cette ſomme ne ſuffiſoit pas, il m'en feroit paſſer davantage; me priant d'en agir ſans façon, puiſqu'il n'en faiſoit aucune pour m'offrir ce qu'il appelloit une bagatelle.

Cet air aiſé prit beaucoup dans mon eſprit, & je remplis ſes vuës à tous égards. Il ne vint chez moi que quinze jours après; encore étoit-ce myſtérieuſement. Il approuva tout, s'arrêta peu, il laissa cent louis sur ma toilette, & m'exhorta tres-sérieusement à aimer toujours Dureal. Dans l'espace de trois mois, il me fit deux autres visites aussi courtes, & aussi utiles. Il attendoit tout du tems ; & ma reconnoissance le devançoit.

La tendresse de Dureal ne faisoit point de progrès dans l'éloignement ; & ma constance suivoit à-peu-près sa marche. Lolotte qui venoit me voir de tems en tems, parut étonnée de la rapidité de ma fortune, & badina beaucoup sur le compte de mon bienfaiteur ; je m'apperçus qu'elle en avoit une espéce de jalousie, elle me témoigna assez indécemment qu'elle auroit été charmée d'être un peu liée avec lui, pour des raisons qu'elle ne pouvoit pas me dire. Je croyois les deviner, & je me trompois.

Elle m'apprit que Dureal avoit obtenu une Compagnie de Cavalerie, & qu'il devoit aller joindre ſon Régiment qui étoit en garniſon dans le Rouſſillon. Elle étoit ſi bien informée, & je l'étois ſi peu, que je ſoupçonnai quelque myſtére. Je rompis avec elle, ſans entrer dans le moindre éclairciſſement. Elle ne me convenoit plus depuis la partie de Campagne, où j'avois ſi bien appris à la connoître.

Quoique M. Meſſin eût une eſpéce de goût pour moi, il avoit la délicateſſe de ne vouloir point joüir de ſes bienfaits, ni de ma reconnoiſſance. Il me découvrit l'état de ſon cœur : il tenoit, diſoit-il, encore à une femme *comme il faut*, & il cherchoit à s'en détacher ; je crûs qu'il ſe trompoit, il m'en expliqua les raiſons, & je n'en doutai plus.

On ne pouvoit lui refuſer un ſentiment au-deſſus de cette froide eſtime qu'on accorde aux honnêtes-gens. Né avec une fortune conſidérable qui ſembloit s'augmenter d'elle-même, ſans qu'il voulût forcer les événemens, pour courir après une plus brillante, il ſe donnoit le tems d'en jouir ſans précipitation, & ſans vanité. Son éducation étoit bonne, & ſoutenuë des vrais principes d'honneur. Tout reſpiroit en lui cette douceur naturelle, où le ſentiment a plus de part, que la politeſſe, & qui eſt plûtôt une vertu, qu'une habitude. Il ſe laiſſoit toujours aller aux mouvemens de ſon cœur, on ne voyoit en lui que l'honnête-homme, un mortel heureux, & digne de l'être.

Ses vices n'étoient que de ces ſaillies de l'eſprit qui ne vont pas même à effleurer le cœur. La mode les met en crédit ; l'exemple général les autorise ; ils sont les agrémens de la société, & les vertus du jour. Il faut nécessairement en avoir pour pouvoir se présenter ; ils entreront bientôt dans le systême de l'éducation. Les ayant tous, on est insoutenable ; & l'on paroît très-singulier, quand on n'en a aucun. Tout dépend du plus, ou du moins d'étenduë qu'on leur donne.

Attaché à la Finance par une très-belle Charge, il n'avoit pas le faux esprit de son état. Il étoit le premier à détester ces hommes dont l'insatiable avidité voudroit envahir les Trésors de ceux même qui concourent à leur avancement. La plus brillante fortune ne peut jamais satisfaire leurs desirs, & la moindre est toujours au-dessus de leur mérite. Bizarres dans leur goût, fastueux dans leurs dépenses, on diroit qu'ils travaillent sans cesse à rappeller la bassesse de leur origine, l'injustice de leurs richesses, & la misére publique qui en est en même tems & le fruit & la source.

M. Messin (je parle toujours avec respect de lui, & je n'en ai jamais eu que pour les honnêtes-gens, sans m'embarrasser des Places, des Titres, ni des Dignités) M. Messin aimoit peu sa femme, cela étoit dans l'ordre des procédés; mais en revanche il l'estimoit beaucoup. Il avoit pour elle tous les égards qui n'avoient aucun rapport à la tendresse. De son côté elle se trouvoit heureuse d'être riche, elle sçavoit jouir de ce bonheur, sans altérer sa santé; elle n'affectoit jamais le ridicule des petites

Maîtresses pour donner le change au Public sur son état & sur son origine ; elle n'avoit pas d'airs panchés, de tons, de complaisans, de petites maisons, de grandes frayeurs, de Laquais bien bâtis, de migraines horribles ; elle agissoit tout le jour, & dormoit toute la nuit, soupoit très-bien ; digéroit encore mieux, & ne faisoit jamais passer son Epoux pour son premier Intendant, ou plûtôt pour un imbécile.

Avec toutes ces bonnes qualités, elle le voyoit avec une espéce de regret, attaché à une femme de condition qui croyoit trop honorer ce Financier, en lui permettant de faire pour elle une dépense très-considérable. Elle recevoit ses présens avec une dignité si choquante, qu'ils sembloient plûtôt un tribut, qu'un bienfait ; plus il y mettoit de la Nobleſſe, plus elle affectoit, en les recevant, un air d'indifférence qui doit toujours faire rougir celui qui donne, & celui qui reçoit. Elle vouloit laiſſer entrevoir que ſes complaiſances n'avoient d'autre point de vuë, que la fortune de ſon Amant, plûtôt qu'un penchant naturel qui rapproche ſouvent le ſceptre & la houlette. Ceux qui la connoiſſoient, ſe fixoient au premier objet ; ceux qui n'étoient pas de ſa connoiſſance, s'arrêtoient au ſecond ; & le Public plus connoiſſeur, ne lui refuſoit ni l'un, ni l'autre, & il avoit raiſon.

Cet attachement duroit déja depuis cinq ans. Madame Meſſin murmuroit moins de l'infidélité de ſon Epoux, que des impertine ces de ſa Rivale. Celle-ci lui faisoit sentir dans toutes les occasions les avantages de sa naissance, & ceux qu'elle avoit sur le cœur de son Epoux ; l'autre tâchoit de s'en dédommager par un souverain mépris. Je n'ai jamais vû deux femmes se détester de meilleure foi, & plus voluptueusement.

M. Messin venoit très-rarement chez moi, dans la crainte que ses bienfaits ne m'imposassent une reconnoissance onéreuse, & de démentir lui-même la délicatesse & le désintéressement avec lesquels il m'avoit rendu service. Il se privoit de me voir, pour me laisser la liberté de jouir de sa générosité, & pour me rassurer en même-tems sur les motifs qui l'avoient fait agir. C'est mettre le comble aux bienfaits, que de sçavoir ainsi les anoblir.

Je ne l'avois point vû depuis

près de deux mois, lorſqu'il vint un jour de grand matin en habit de chaſſe. Il me demanda la permiſſion de paſſer chez moi toute la journée. J'étois au lit; j'allois me lever par reſpect pour lui; il m'aſſura qu'il n'en manqueroit pas; & que je lui ferois plaiſir de m'épargner cette petite cérémonie. Quoiqu'il le dît de très-bonnefoi, je ne l'en crûs pas davantage. Ma tranquilité auroit pû rabattre de ſon eſtime, & je n'en voulois rien perdre; je me levai.

Nous avions déja paſſé près d'une heure à nous entretenir de certains petits détails, où le cœur n'entroit pour rien; lorſque nous entendîmes un Carroſſe s'arrêter devant la porte. J'y jettai les yeux, je vis que c'étoit le ſien, & que Madame Meſſin en deſcendoit. A peine eut-il le tems de ſe cacher dans mon Cabinet de Toilette, qu'elle entra dans mon Appartement.

J'avois crû pénétrer le motif de cette visite ; je m'attendois à une bordée de mauvais complimens qui ne m'auroient point du tout étonnée ; lorsqu'elle me dit avec bonté qu'elle lisoit mon trouble dans mes yeux, & qu'il ajoûtoit à la bonne opinion qu'elle avoit de moi. Je suis, continua-t-elle, l'épouse de M. Messin, ou plûtôt sa véritable amie ; cette derniere qualité doit plus vous r'assurer, que la premiere ; & je ne m'écarterai jamais de ce que je dois à ce titre ; ainsi nous pouvons parler librement. J'ai pris pour cela le moment, où mon Epoux est allé à la Campagne ; je ne crains pas qu'il me rencontre ici ; d'ailleurs il y vient très-rarement. Je suis instruite de tout ce qui se passe ;

peut-être en ſçais-je encore plus qu'il n'y en a ; on va toujours au-delà de ce qu'on voit, & on l'aſſure avec confiance. Ainſi va le Monde.

Quoiqu'il en ſoit, je n'ignore pas qu'il a des vuës ſur votre cœur. Ses deſirs ne dépendent pas de vous ; j'aurois tort de vous en faire un crime ; vous me trouverez peut-être un peu trop ſenſible, mais non pas injuſte. Je veux mériter votre confiance, & non pas votre haine, & nous tirerons meilleur parti de l'un, que de l'autre.

M. Meſſin vous aime, ou du moins j'ai lieu de le préſumer ; c'eſt à vous de ſçavoir ſi vous penſez aſſez favorablement ſur ſon compte, pour ne pas dédaigner ſa tendreſſe. Vous n'êtes point en reſte avec lui, ſi j'en juge d'après mon cœur. Vous ſerez peut-être étonnée de ce que je parle ainſi de mon Epoux; mais ſes petits défauts ne m'ont jamais fait perdre de vuë ſes bonnes qualités. Le caprice, ou le dégoût naturel à la plûpart des Hommes, l'a un peu éloigné de moi; mais j'eſpére que l'eſtime & les bonnes façons me le rameneront. C'eſt l'ouvrage du tems, & de ma prudence. La patience n'eſt pas la vertu dominante de notre Séxe, & ſurtout lorſqu'il ſe croît ſi vivement offenſé; cependant j'ai le bonheur d'en faire la règle de ma conduite; elle me rendra mon Epoux, ou mon repos, & peut-être tous les deux.

Je ne me plains point de ſes façons, elles ſont meilleures que les époux n'en ont ordinairement. Il eſt vrai qu'elles ſe bornent à une froide eſtime, &

à une confiance d'habitude ; mais si j'en exigeois davantage, peut-être en aurois-je moins, & je risquerois de lui déplaire ; voilà ce que je veux éviter autant qu'il me sera possible.

Trop instruite pour vous faire des questions qui ont quelquefois un air de reproche, & auxquelles vous seriez peut-être embarrassée de répondre, je vous répéte que M. Messin a du goût pour vous, si ce n'est pas de la tendresse ; car à présent, entre ces deux choses, la nuance est presqu'imperceptible ; & d'ailleurs on les confond assez volontiers pour éviter l'humiliation qu'on trouveroit dans un examen délicat. Le plaisir y gagne, ce que le sentiment y perd ; & pour l'honneur de l'humanité, on n'y regarde plus de si près. Une analyse exacte réduiroit le cœur à rien.

Vous ignorez ſans doute que vous avez une rivale inſolente, qui a cherché toutes les occaſions de m'humilier, & qui n'en négligera aucune pour vous perſécuter, ſi malheureuſement elle apprend ce qui ſe paſſe. Elle joue mon rôle & je ne remplis pas le ſien; elle eſt jalouſe pour moi. Vous avez ſans doute entendu parler de la Marquiſe d'Amendoiſe; c'eſt elle que M. Meſſin a la foibleſſe d'aimer, plutôt par ſentiment, que par air, car il n'eſt rien moins que fat, quoique très-riche : ce mal épidémique ne l'a pas encore gagné. Elle répond à ſa tendreſſe, ſi j'en juge par ſon impatience à le voir, & par les folies qu'elle fait pour lui; au contraire elle le déteſte, ſi je m'en raporte à ſes caprices, & aux déſagrémens qu'elle lui fait eſſuyer tous les jours. Comment concilier tout cela ! voilà exactement la situation de M. Messin vis-à-vis d'elle. Vous ne devez pas vous flatter d'occuper son cœur en entier, quoique vous puissiez y prétendre aussi bien que toute autre ; mais il est difficile de déraciner une passion qui s'est soutenuë pendant cinq ans, & qui n'a pas un air de contrainte & de devoir ; elle devient une habitude qu'on chicanne d'autant moins, qu'on n'y attache plus aucun ridicule, comme au mariage.

Le rôle que je jouë ici m'humilieroit plus, si l'on ne m'avoit assuré de la solidité de votre caractére. Mon empressement à arracher M. Messin des bras de la Marquise, a moins pour objet la honte, & le désespoir de votre rivale, que le bonheur d'un époux que j'aime tendrement ; passez-moi le terme. Oui je l'aime trop, pour ne pas faire tous mes efforts pour l'éloigner de cette femme ; je sens que je ne le puis point par moi-même ; j'ai besoin de votre secours, & vous ne sçauriez vous refuser à mes vuës, si vous voulez conserver un ami aussi estimable.

Je viens d'apprendre dans le moment (car il y a toujours des gens officieux) qu'hier au soir il avoit essuyé de sa part les impertinences les plus vives, en présence de deux folles comme elle, & de trois ou quatre étourdis, qui s'imaginent que tout le monde doit ramper devant eux, parce qu'ils traînent un grand nom qu'ils deshonorent.

La chose a été si loin, que M. Messin, malgré sa douceur naturelle, a été forcé de quitter brusquement

brusquement un cavagnol qui ne faisoit que commencer. Il est vrai que les honnêtes gens sans naissance, sont toujours déplacés avec les *espéces titrées* ; il auroit déjà dû le sentir.

Pénétré de la plus vive douleur, il s'est retiré à huit heures du soir ; il s'est enfermé dans son cabinet pour se livrer sans doute à l'humiliation qu'il venoit de recevoir. Ce matin il est allé, pour se dissiper, à sa maison de campagne, & j'ai saisi ce moment pour vous parler. Je sçais combien il est sensible aux mauvais procédés de cette femme ; il en ressent un chagrin d'autant plus vif, & d'autant plus dangereux, qu'il le dévore dans son cœur, sans oser en faire part à personne. Il prend tous les jours sur sa santé ; il empoisonne tous les momens de sa vie ; tandis qu'il seroit l'homme du monde le plus heureux, s'il pouvoit rompre les liens qui l'attachent à la Marquiſe. Vous y réuſſirez, ſi vous ſaiſiſſez ce moment de dépit ; vous avez ſa confiance, & ... je ne vous en dis pas davantage ; vous avez de l'eſprit ; il ne tient qu'à vous de tirer parti de cette ſituation.

Convenez que mon projet eſt bien ſingulier ; mais je ſuis plus à plaindre, qu'à blâmer ; ſurtout ſi vous ne perdez pas de vue que j'aime M. Meſſin uniquement pour lui-même. Il y a dans mon attachement une fatalité qu'on ne ſçauroit concevoir. Plus je vois qu'il cherche à m'échapper, plus mon cœur vole après lui. Je contrains les mouvemens de ma tendreſſe, parce que les careſſes d'une perſonne qu'on a ceſſé d'aimer, fatiguent rebutent & font naître des dégouts qu'on ne peut plus vaincre. En un mot ses plaisirs sont devenus les miens. Ces sentimens vous paroîtront peut-être un peu forcés ; cependant je vous dévoile mon ame toute nuë. Oui, je sacrifierois ma vie, pour faire son bonheur ; trop heureuse encore s'il le tenoit de moi. Vous pouvez y contribuer ; je vous y engage ; mes larmes doivent être pour vous de surs garants de la sincérité de mes desirs. En même tems laissez-lui la légére satisfaction d'ignorer combien je m'y intéresse ; & surtout dérobez-lui jusqu'à l'inquiétude qu'il pourroit avoir de la démarche que je fais auprès de vous : nous ne sçaurions prendre trop de précaution ; il pourroit soupçonner la pureté du motif qui me fait agir. Laissez-le jouir du plaisir du mystére ; aimez-le s'il se peut, autant que je l'aime ; & faites éclater votre reconnoissance, autant que j'aurai soin de lui cacher mon amour. Adieu. Vous connoissez ma foiblesse, épargnez-nous à tous les deux la honte d'en rougir....

Où courez-vous, Madame? dit alors M. Messin, en sortant avec précipitation pour se jetter aux genoux de sa femme. Laissez-moi plûtôt expier à vos pieds mon inconstance. Si le caprice m'a éloigné de vous, vos vertus me jettent dans vos bras pour n'en sortir jamais. Comment ai-je pû si longtems offenser une Epouse aussi tendre. Mes remords troublent l'excès de ma joie ; vous me pardonnez ; je le vois, je le sens, & je ne suis pas excusable. En ce moment ces deux tendres Epoux confondirent leurs larmes & leurs soupirs.

Bien loin de voir avec quelque inquiétude la réunion de ces tendres Epoux, j'en partageai les transports ; j'étois charmée de voir triompher l'amour & la reconnoissance. La sincérité de ma joye n'échapa point à de si belles ames ; ils y furent sensibles ; ils ne vouloient point que j'en fusse la dupe, ils me promirent avec leur amitié, de songer sérieusement à m'établir honnêtement dans cette Ville ; mais ils jettérent les yeux sur un homme si déplaisant, que leur bonté même avoit un air de plaisanterie.

Le lendemain je reçus la visite de Passe Caissier de mon bienfaiteur. Il arriva dans un moment où je n'étois guère tranquille ; je venois de lire une lettre de Dureal qui finissoit ainsi : « *Je* » *sçais tout ce que vous faites.*

» *Je vais joindre mon Régiment :*
» *je ne puis trop m'éloigner d'u-*
» *ne perfide. Dispensez-vous de*
» *me donner de vos nouvelles,*
» *car je ne décacheterai plus vos*
» *lettres.* » Le début n'étoit pas plus tendre. La conduite qu'il avoit tenuë avec moi depuis son départ, m'avoit pour ainsi dire, préparée à cette impertinence ; & je compris que cette lettre étoit moins une suite de son inconstance naturelle, que de quelque noirceur. On se quitte aujourd'hui plus honnêtement, on y met de bons procédés, de bonnes façons, & la meilleure est de ne pas vivre longtems dans une intrigue réglée.

Je tenois encore cette lettre, lorsque je vis entrer cette figure qui avoit échapé au crayon de Calot ; je le peins d'un seul trait. Bonjour, Mademoiselle, me dit-il avec un ton dur; vous ne me connoiſſez-pas ſans doute, je vous en offre autant. Je m'appelle M. Paſſe dont M. Meſſin vous a parlé. Oh, pour celui-là vous devez le connoître un peu mieux; cela va ſans dire. Il m'a fait entendre que vous étiez preſſée de vous marier; pour moi je vous avertis que je ne le ſuis guère; parceque j'ai pour maxime qu'on eſt toujours à tems de faire de mauvaiſes affaires; & tel que vous me voyez, je ſuis fort pour les maximes. D'ailleurs, je me ſuis voüé au célibat *, & ma ſanté y gagne cent pour cent tous les ans; ce n'eſt pas un marché de dupe. Je mange, je bois, je dors & je compte; voilà ma vie; on ne m'arracheroit

* Les Hébreux appellent un célibataire une triſte moitié d'homme. Si cela eſt il y a bien de la gaîté dans ce Siècle.

pas de là pour un Empire. Cependant *notre Monſieur* m'a dit qu'il avoit tiré ſur mon cœur à votre profit une Lettre de Change payable à vuë ; mais elle viendra à protêt, car je n'en ai pas les fonds ; je vous en préviens d'avance, afin que vous reveniez à tems ſur votre Tireur.

Cet original me parut ſi bon, que j'oubliai la lettre de Dureal: je ne pûs m'empêcher de lui répondre par un éclat de rire, & je réſolus de m'en amuſer. Je ſuis très-fâchée, lui dis-je, reprenant un air froid & ſérieux qui me coûtoit beaucoup, que vous ne puiſſiez pas faire honneur à cet engagement. Je préſume que vous êtes le Caiſſier de M. Meſſin ; il ne pouvoit jamais placer plus ſolidement ſa confiance.

Oüi, Mademoiſelle, repliqua-t-il ; un autre vous diroit à votre ſervice ; je ne me mets jamais dans le cas d'être pris au mot ; auſſi ne dis-je à perſonne *votre Serviteur*, de crainte que quelque original ne m'envoyât le lendemain ſa livrée. Je ſuis bâti comme cela ; je ne me réformerai point, je me trouve bien, & ceux qui ne me trouveront pas de même, n'ont qu'à me laiſſer-là ; ils me feront encore beaucoup d'honneur. Vous devez en ce cas-là être ſouvent honoré, lui dis-je, d'un air extrêmement poli. Cependant vous me permettrez de ne pas penſer de même ; & puiſque M. Meſſin a la bonté de m'offrir votre main, ne trouvez pas mauvais que je l'accepte. C'eſt un commencement de reconnoiſſance, que de recevoir avec reſpect les bienfaits.

Qu'appellez-vous ne le trouver pas mauvais ! reprit-il, cela me paroît très - désagréable. Ça, Mademoiselle, parlez-vous sérieusement ? *Notre Monsieur* est fort plaisant de vouloir ainsi disposer de moi. S'il m'arrive quelquefois d'en faire autant de sa Caisse, c'est que ses fonds ne travaillent pas assez ; & je ne vous crois point dans ce cas ; car vos yeux égrillards annoncent le contraire. Je ne prends cette liberté, avec sa Caisse que parce qu'il est très-inutile que l'argent dorme chez lui ; c'est un meurtre ; & pourvû qu'il en ait assez pour faire face au courant, il ne doit pas s'embarrasser du reste. C'est bien le plus drôle de Financier qu'on ait jamais vû ; il est né pour cet Etat, comme moi pour être Général d'Armée; il faut sçavoir se rendre justice ; à la vérité je ne me suis jamais appliqué à ce métier; car j'aurois pû m'en tirer comme un autre; il ne faut pas être si grand Sorcier pour avoir un gros Equipage, tenir Table ouverte à l'Armée, Ordonner qu'on se batte, & pour exiger des Contributions: M. Messin offre ses services à tout le Monde; il prête de tous côtés son argent à quatre pour cent, & quelquefois pour rien, ce qui est encore pis; il ne fait aucune poursuite contre les reliquataires; il reçoit des à-comptes, plutôt que de leur faire des frais qui reviendroient dans sa poche, car sur tout cela le bénéfice est clair; nous sommes à l'année avec tous les gens de Justice; il fait des remises à son préjudice: tout cela ne vaut pas le diable. C'est ce qu'on appelle un vrai *gâte-métier*; aussi est-il généralement haï de tous ses Confreres, quoiqu'il soit aimé & estimé de tout le monde; mais tous ces beaux ſentimens ne valent pas ce que j'ai trouvé aujourd'hui.

Sa ſingularité va ſi loin, qu'il ne veut pas porter le nom d'une belle terre qu'il a achetée depuis peu. Il dit pour raiſon que le nom de ſon pere eſt celui d'un honête homme que tout le monde reſpectoit, & qu'il s'en trouve fort honoré. Il a fait cette belle acquiſition pour aller s'y divertir avec ſes amis, & pour y dépenſer beaucoup. Voila le fin de l'hiſtoire. Il veut, en un mot, être M. Meſſin, quoique ce nom-là traîne les rues depuis quatre cens ans, qu'un de ſes ancêtres étoit bon Négociant. C'eſt un mal de famille ; ſes prédéceſſeurs ne ſe ſont jamais écartés de là, pas même pour acheter une pauvre petite Charge de Secrétaire du Roi du grand Collége.

Quoiqu'il en ſoit, revenons,

comme dit l'autre, à nos moutons; je vous prie de ne pas insister sur l'affaire qui est sur le tapis. Elle ne vaut rien ni pour vous, ni pour moi; mais je la proposerai à un Courtier de ma connoissance, & qui travaille pour nous; c'est la même chose; & mari pour mari, autant vaut celui-là qu'un autre; je suis sûr qu'il n'y regardera pas de si près.

Mon cher M. Passe, je suis bien fâchée, lui repliquai-je, du dégoût que vous me témoignez; mais c'est sur vous que M. Messin a jetté les yeux; je vous trouve fort à mon gré.

Ah! Mademoiselle, reprit-il, ne badinons pas; je ne sçais comment j'ai pû vous plaire; en tout cas ce n'étoit pas mon dessein: je m'apperçois que vous n'êtes rien moins que difficile; car je ne vois rien en moi qui ait pû vous faire prendre feu si vîte, si vous en exceptez les qualités du cœur & de l'esprit ; j'ajouterai encore une certaine éducation dont je me pique. Oh pour cela je le disputerois à tout le monde. Malgré tous ces avantages, je ne vaux rien pour le mariage. Je suis jaloux en diable... je ne vous donnerai pas lieu de l'être... j'ai des momens d'inquiétude... & moi d'impatience... je ne dis jamais le mot.... je parlerai pour vous... je dors toute la nuit comme un sabot.... je veillerai pour vous.... je suis un peu brutal.... & moi très-emportée.... je rosse souvent par maniere de récréation.... & moi j'étrangle pour m'amuser. Ainsi vous voyez qu'à tous égards nous nous convenons. Tudieu, s'écria-t-il, la poulette ! comme elle y va ! je crois qu'elle le feroit, comme elle le dit! Hélas! que vous ai-je fait, Mademoiselle, pour vouloir troubler le repos de ma vie? C'eſt un meurtre; c'eſt prendre les gens le piſtolet ſur la gorge. Je ſens bien qu'en ne me prêtant pas aux intentions de M. Meſſin, je vais lui déplaire, & que peut-être il me retirera ſa confiance. Il a la choſe à cœur; & je conçois à merveille d'où vient l'intérêt qu'il peut y prendre. Il veut même en faveur de ce mariage, augmenter mes appointemens, mais il faut qu'en même tems il augmente ma patience, ou plutôt qu'il diminue ma délicateſſe; car enfin je ſuis aſſez pénétrant pour voir que je ne ſerai que le prête-nom de cette affaire; & que je n'en retirerai, tout au plus, que les droits de préſence; encore faudra-t-il prendre les heures où vous ne ſerez pas occupée. Que craignez-vous, Monſieur, lui dis-je, un homme comme vous donne aſſez d'occupation. Quoiqu'il en ſoit je ne puis me diſpenſer de vous épouſer, puiſque M. Meſſin le veut ainſi ; il eſt votre bienfaiteur & le mien ; nous ne ſçaurions mieux faire que d'unir notre reconnoiſſance. Vous me plaiſez tel que vous êtes. Cet air aiſé, ces bonnes façons, ce ton, toutes vos gentilleſſes.... Eh, Mademoiſelle, ajouta-t-il, regardez-moi donc une bonne fois ; la décence ne doit pas vous empêcher de me fixer. Je louai en détail toute ſa figure ; il convenoit modeſtement des éloges que je lui donnois, & j'étouffois d'envie d'en rire ; j'étois déſeſpérée de n'avoir perſonne avec moi pour partager le plaiſir de me voir balotter ce Butord.

Dites-moi tout naturellement, reprit-il, après avoir rêvé un moment, si vous avez résolu de ne pas me faire le moindre quartier, & si c'est votre dernier mot, auquel cas je serai obligé de vous découvrir le nœud gordien ; mais à condition que vous me garderez un secret inviolable. Pour vous le trancher net, je suis marié secrettement depuis six mois avec la plus charmante, & la plus vertueuse petite personne qu'on puisse connoître : elle m'adore, & sa fidélité est à toute épreuve. J'ai des raisons très-fortes pour cacher ce mariage. Je connois le caractère de M. Messin ; c'est le plus honnête homme qu'on puisse connoître, mais en revanche ; c'est un gaillard qui ne s'endort pas sur le chapitre des femmes ; & je ne veux point expoſer la mienne ; car ces Meſſieurs ne ſe font pas faute de celles des gens qui leur ſont ſubordonnés ; ils en diſpoſent comme des choux de leur Jardin. Le moindre petit Commis ſe trouve parent de ſon patron du côté gauche ; c'eſt préciſément ce que je n'aimerois pas.

Si vous ſaviez, Mlle, continua-t-il, avec quelle diſcrétion & quel ménagement je vais chez cette tendre & vertueuſe épouſe. Je ne la vois que trois fois la ſemaine ; encore mes jours ſont-ils marqués ; je ne m'en écarte pas d'un moment ; elle craindroit qu'on ne ſoupçonnât quelque choſe, ſi j'étois plus aſſidu. On ne ſçauroit concevoir juſqu'où vont ſes attentions pour ce qui m'intéreſſe. J'entre la nuit, & je ſors avant le jour. Il n'y a rien de ſi plaiſant, que cet air de myſtére. Hélas , Mademoiſelle , puiſqu'il faut tout vous dire , vous la connoiſſez, elle eſt même de vos amies ; en un mot, c'eſt votre chere Lolotte... C'eſt Lolotte, m'écriai-je avec étonnement ! Hélas, quand vous me parliez d'une perſonne extrêmement vertueuſe & fidelle, j'ai bien eu tort de n'avoir pas ſongé tout d'un coup à elle. En effet on lui trouve beaucoup de mérite ; elle eſt bien digne vous. Qui le ſçait mieux que moi, reprit-il, avec un air auſſi content, qu'avantageux ! Oh je vois bien que vous ne ſçavez pas tout, mon cher Monſieur, lui répondis je ; & je ſuis perſuadée qu'elle vous cache par modeſtie la plus grande partie de ſes talens. Eh bien, dit il alors, voilà comme j'aime les femmes ; & non pas ces petites mijaurées qui font ſonner bien haut le peu qu'elles valent, qui nous fatiguent continuellement les oreilles de leur mérite, & des empreſſemens qu'on leur marque, qui ne ceſſent de répéter qu'on les a trouvées charmantes ; ma chére Lolotte eſt ſur cet article, d'une modeſtie qui enchante.

Qu'il y a de dupes, diſois-je en moi-même ? je commençois à le plaindre ; mais ſa ſtupide bonne-foi dérouta ma ſenſibilité ; elle m'amuſa beaucoup, il jouiſſoit de ſon erreur ; il étoit donc heureux ; & tout le reſte étoit étranger à ſon bonheur.

Avant de me quitter, il me fit promettre de refuſer ſa main, en préſence de M. Meſſin qui devoit revenir avec lui. Il m'en preſſa vivement; comme ſi je n'y étois pas diſpoſée à tous égards.

Cependant je ne voulois pas déplaire à M. Messin ; je craignois qu'ignorant la véritable cause de mon refus, il ne m'en sçût mauvais gré. J'étois si pénétrée de ses bontés, que j'aurois peut-être épousé ce Butord ; quoiqu'il eût fallu pour cela avoir le cœur furieusement disposé à la reconnoissance.

M. Messin se rendit chez moi le même jour avec Passe. Celui-ci lui avoit fait entendre que j'avois un éloignement invincible pour ce mariage. Il m'en fit avec douceur quelques petits reproches, cependant ses discours avoient la tournure de ceux d'un homme piqué. La situation étoit embarrassante ; je ne voulois pas être dans mon tort, ni perdre ses bonnes graces autant par sentiment, que par intérêt ; l'un

& l'autre entroient dans mes réfléxions. Je pris le parti le plus sûr ; je rejettai tout sur Passe ; je lui dis qu'il étoit absolument le maître de mon sort ; & que je m'abandonnois avec confiance à ses bontés. Je ne risquois rien en faisant une pareille avance ; j'ajoutai que son Caissier avoit eu très-mauvaise grace de dire le contraire.

Oh parbleu ! s'écria Passe, voilà un abus de confiance des plus manifestes. On n'a jamais joué un tour aussi cruel ; après ce coup fiez-vous au beau séxe. Réfléchissez donc à ce que vous faites ; car une honnête femme ne doit avoir que sa parole. N'étions-nous pas convenus... Allez M. Passe, dit alors M. Messin, je vois bien que vous m'en avez imposé & que vous abusez de mes bontés : on a toujours tort d'en avoir pour des originaux de votre eſpéce ; je me plains moins de votre réſiſtance, que de m'avoir mis dans le cas de faire des reproches à Mademoiſelle ; je lui demande pardon de l'avoir expoſée à vos impertinences. Vous pouviez vous en tirer plus honnêtement ; & ſi vous m'aviez repréſenté naturellement vos dégoûts pour le mariage, je n'aurois pas été aſſez injuſte pour gêner votre inclination, & pour penſer moins favorablement ſur votre compte. Une autre fois ſoyez plus ſincère ; qu'il n'en ſoit plus parlé. Retirez-vous.

Paſſe fut ſi étourdi de la ſituation, qu'il ſortit ſans rien dire. M. Meſſin étoit déſeſpéré de m'avoir fait eſſuyer un refus auſſi humiliant. Le ſecret du mariage de cet Original étoit une reſſource pour mon amour-propre, mais je me faiſois une délicateſſe de le trahir, & malheureuſement pour lui, je tins parole.

M. Meſſin me quitta en me témoignant avec les termes les plus obligeans, combien il étoit fâché de ce qui venoit de ſe paſſer; il m'aſſura qu'il le répareroit le plutôt qu'il lui ſeroit poſſible, & d'une maniere bien différente. Les bons cœurs dans l'opulence ont de grandes reſſources, & ſemblent plus adroits que les autres.

Fin de la premiere Partie.

www.ingramcontent.com/pod-product-compliance
Ingram Content Group UK Ltd.
Pitfield, Milton Keynes, MK11 3LW, UK
UKHW022018170726
13837UKWH00001B/256